Florence GALLETTI

LE JUGE PÉNAL

NOUVEAU JUGE DE LA RESPONSABILITÉ DES AGENTS PUBLICS ET DES ÉLUS ?

Une manifestation d'un droit administratif en mutation

Préface de Louis Constans
Professeur émérite des Universités

L'Harmattan
5-7, rue de l'École Polytechnique
75005 Paris - FRANCE

L'Harmattan Inc.
55, rue Saint-Jacques
Montréal (Qc) - CANADA H2Y 1K9

Collection Logiques Juridiques
dirigée par Gérard MARCOU

Le droit n'est pas seulement un savoir, il est d'abord un ensemble de rapports et pratiques que l'on rencontre dans presque toutes les formes de sociétés. C'est pourquoi il a toujours donné lieu à la fois à une littérature de juristes professionnels, produisant le savoir juridique, et à une littérature sur le droit, produite par des philosophes, des sociologues ou des économistes notamment.
Parce que le domaine du droit s'étend sans cesse et rend de plus en plus souvent nécessaire le recours au savoir juridique spécialisé, même dans des matières où il n'avait jadis qu'une importance secondaire, les ouvrages juridiques à caractère professionnel ou pédagogique dominent l'édition, et ils tendent à réduire la recherche en droit à sa seule dimension positive. A l'inverse de cette tendance, la collection « Logiques juridiques » des Éditions L'Harmattan est ouverte à toutes les approches du droit. Tout en publiant aussi des ouvrages à vocation professionnelle ou pédagogique, elle se fixe avant tout pour but de contribuer à la publication et à la diffusion des recherches en droit, ainsi qu'au dialogue scientifique sur le droit. Comme son nom l'indique, elle se veut plurielle.

Dernières parutions

SOCIETE FRANÇAISE POUR LE DROIT DE L'ENVIRONNEMENT, *La chasse en droit comparé*, 1999.
GAROT Marie José, *La citoyenneté de l'Union européenne*, 1999.
SATCHIVI Francis Amakoué A., *Les sujets de droit*, 1999.
LEVIS Danièle, *Terre des hommes du grand Océan*, 1999.
LASCOMBE Michel, *Droit constitutionnel de la Ve République*, 1999.
BERGUIN Francis, *Le fonctionnaire expatrié*, 1999.
HOURQUEBIE Fabrice, *Les organes spécialisés dans les affaires communautaires des parlements nationaux. Les cas français et allemands*, 1999.
LAURENT Marie-Line, *Les emplois-jeunes : nouveaux contractuels de l'administration*, 1999.
Armand MBARGA, *L'indemnisation publique des victimes d'infractions*, 1999.
HEYMANN-DOAT Alette, *Génétique et droits de l'homme*, 1999.
Vigile PACE, *L'organisation mondiale du commerce et le renforcement de la réglementation juridique des échanges commerciaux internationaux*, 1999.

ISBN : 2-7384-8769-6

Du même auteur

La politique européenne de coopération pour le Développement durable en Afrique de l'Ouest. (Problématique de l'appui aux politiques publiques d'environnement)

En cours de publication : publications du Centre d'Analyse Politique et du Centre d'Études et de Recherches Juridiques sur les Espaces Méditerranéens et Africains Francophone (CERJEMAF). Presses universitaires de Perpignan. 1999.

PRÉFACE

Par Louis CONSTANS,
Professeur émérite des Universités

Notre système juridique est-il en voie d'accomplissement ou en voie de dépérissement ? Une telle question, qui peut paraître a priori étrange, doit d'autant plus être posée que la lecture de la littérature juridique contemporaine révèle que les observateurs, notamment universitaires, de l'évolution récente de nos institutions se rangent dans deux camps opposés.

Certains, docteurs "tant mieux", estiment pour leur part que les quarante dernières années, ont été porteuses de progrès décisifs vers la réalisation complète de l'État de droit. Ils évoquent, à l'appui de cette appréciation, un ensemble à vrai dire impressionnant de nouveautés dont le point commun a été de faire disparaître des situations d'impunité de l'autorité publique quand celle-ci s'écartait des règles : et de citer, en ce sens, le développement du contrôle de la constitutionnalité des lois, le recul continu des substituts apportés à l'ancienne garantie des fonctionnaires et l'investissement croissant des instances judiciaires dans la mise en cause de la gestion des agents publics et des élus eux-mêmes. D'autres, parmi lesquels le signataire de ces lignes, parlent au contraire de déclin de l'État de droit[1] ou de dépérissement de notre système de droit administratif[2].

Qui donc a raison ? L'excellent ouvrage de Mademoiselle GALLETTI a pour premier mérite celui d'apporter des pièces au débat. Avant de décrire une de ces « nouveautés » dont les commentateurs lisent contradictoirement le sens, l'auteur nous rappelle utilement, en effet, que celle-ci tient beaucoup plus au changement de comportement des acteurs de terrain qu'à des changements significatifs intervenus dans les lois.

L'auteur nous montre, en effet, que la multiplication contemporaine des incriminations pénales visant des fonctionnaires ou des élus s'appuie principalement sur la considération de délits « non intentionnels », fautes de négligence ou d'imprudence dont la définition légale n'a pas varié et qui auraient pu en conséquence, avant hier et hier aussi bien qu'aujourd'hui, donner lieu à des

---

[1] Cf. J.P. Henry « *Vers la fin de l'Etat de droit ?* » in R.D.P 1974.

[2] Cf. L. Constans « *Les changements du droit public interne: adaptation, mutation, ou dépérissement ?* » in Revue Marocaine d'Economie et de droit comparé. 1995.

poursuites pénales. Elle nous apprend, aussi, que les lois récentes, dans ce domaine, n'ont pas cherché à étendre le champ des incriminations possibles d'agents publics mais, au contraire, à le circonscrire.

Le phénomène constaté pourrait théoriquement s'expliquer, d'abord, par une baisse du sens du service public chez les autorités politiques et les agents administratifs, qui aurait amené les uns et les autres à multiplier négligences ou imprudences, causant ainsi des dommages d'une fréquence et d'une importance telles que les victimes et les juges se seraient sentis obligés de se départir de leur ancienne tolérance et d'agir en sorte que les personnes assignées à la réalisation de l'intérêt public se sentent menacées quand elles remplissent mal leurs obligations et incitées, par conséquent, à les accomplir mieux. Qui pourrait raisonnablement soutenir, dans un tel cas, qu'on serait en présence d'un progrès de l'État de droit ? Celui-ci, assurément, serait mieux garanti par des personnes restées, comme leurs devancières, soucieuses de leurs devoirs que par des sujets animés seulement par la crainte d'une sanction de toute façon lente à venir et souvent aléatoire.

Cette première explication, de toute façon, ne s'impose pas avec évidence. Pour faire court, on pourra comparer la négligence du proviseur récemment condamné pour la chute d'un poteau de basket ball sur un enfant entré par escalade dans l'aire du Lycée un jour de fermeture de l'établissement et celle commise, au début du siècle, par le maire qui avait si malencontreusement apprécié le problème de sécurité publique posé par une fête foraine que des balles tirées par des casseurs de pipes avaient atteint des promeneurs passant derrière le stand de tir. De ces deux négligences, c'est celle d'aujourd'hui, qui est incontestablement la moindre, et de beaucoup, qui a été déférée au juge pénal et sanctionnée par celui-ci.

La deuxième explication possible du phénomène observé, dès lors, est que les victimes, les juges et l'opinion publique elle-même manifesteraient aujourd'hui moins de compréhension que par le passé à l'égard des difficultés rencontrées par les fonctionnaires et les élus dans l'accomplissement de leur mission. L'intervention croissante du juge pénal dans l'appréciation des actions des administrateurs serait donc moins, dans ce cas, et contrairement au discours généralement affiché, le résultat de la volonté de ramener les détenteurs d'autorité à la loi commune, que le signe d'une défiance de principe de la société civile à l'égard de l'appareil politico - administratif et, par conséquent, du dépérissement du système républicain[3].

Mademoiselle GALLETTI se rattache visiblement à cette deuxième explication, pour laquelle elle propose, au surplus, un diagnostic. Le fond du problème de la pénalisation de la responsabilité administrative, selon elle, serait en réalité que la société civile d'aujourd'hui, à la différence de ses devancières qui prenaient leur parti du risque et se préoccupaient avant tout d'en socialiser les conséquences, considérerait qu'il n'y a de dommages que parce qu'il y a des coupables et que l'éradication du risque serait possible par la recherche et la punition de ces derniers.

Une telle espérance ne serait-elle pas illusoire ? L'auteur ne le dit pas ouvertement mais paraît bien le penser, notamment quand elle analyse l'écart qui existe entre les logiques respectives de l'action administrative et de la répression pénale et fait observer que l'intervention croissante du juge pénal dans le domaine de l'administration est susceptible de produire des effets pervers, tels que la paralysie de la décision. Cette dernière remarque ne surprendra que ceux qui ignorent que les serviteurs du public, plus souvent qu'on ne pense, doivent choisir entre l'accomplissement de leur mission et le respect scrupuleux des prescriptions légales et réglementaires et, pour que le service public soit accompli, faire quotidiennement des arbitrages qui les mettent à découvert par rapport à la loi pénale.

On sait, par exemple, qu'il n'est pas de moyen de pression plus efficace des agents de la sécurité aérienne sur leurs employeurs que la grève du zèle, qui consiste à opérer systématiquement sur tous les avions toutes les vérifications prescrites par la réglementation, ce qui a pour résultat inévitable de bloquer complètement le trafic. Ce qui implique, a contrario, qu'en

---

[3] Bien d'autres éléments de la réalité d'aujourd'hui, en France, sont de nature à confiner la justesse d 'une telle hypothèse Cf. à ce sujet L. Constans « *Les changements du droit public interne: adaptation, mutation, ou dépérissement ?* », précité.

temps ordinaire, chaque autorisation de départ pourrait donner lieu à une accusation d'imprudence et/ou de négligence !
Le signataire de ces lignes peut témoigner, pour sa part, qu'il lui est arrivé, comme à tous ses homologues présidents d'Universités, de signer des pièces antidatées ou attestant de données non vérifiées sans lesquelles, par exemple une action essentielle et performante de coopération avec des établissements d'enseignement et de recherche étrangers n'aurait pu se poursuivre. Du point de vue de la loi pénale, de tels actes étaient constitutifs de bien plus qu'une imprudence, il s'agissait de faux en écritures publiques !

Comment s'étonner, dans ces conditions, que des agents contraints de travailler à découvert se soucient plus d'assurer leur sécurité personnelle quand, autour d'eux, le climat psychologique change au point que les risques d'incrimination augmentent de façon sensible, et que l'éventualité d'une condamnation ne peut plus être écartée avec certitude ? La tentation devient grande dans ce cas, naturellement, de s'abriter sous le parapluie de la loi, dut-on, ce faisant, laisser péricliter la mission.
On peut donc raisonnablement douter que la répression pénale des imprudences et/ou négligences commises par les administrateurs fonctionnaires ou élus soit de nature à rétablir la confiance perdue des citoyens envers leurs commis. A considérer la tendance spontanée du public d'aujourd'hui qui voit dans la multiplication du nombre des incriminations et des condamnations moins un indice de l'amélioration de l'efficacité de la justice qu'un signe de l'aggravation d'une criminalité que les pouvoirs publics sont impuissants à endiguer, on peut craindre, au contraire, que la mise en cause croissante des imprudences ou négligences des administrateurs ne porte un coup nouveau à cette confiance sans laquelle aucun système social et politique ne peut se maintenir à long terme.

Une leçon générale qu'on peut tirer du propos de Mademoiselle GALLETTI, en définitive, est que les juristes d'aujourd'hui ne peuvent plus se considérer seulement comme les détenteurs d'un savoir technique essentiel qui seraient toujours susceptibles, comme tels, d'apporter une réponse appropriée aux besoins exprimés par les acteurs de la vie sociale. Ils doivent savoir, aussi, dissiper les illusions et oser dire, dans certaines situations, qu'une solution de type juridique ne peut être qu'inopérante et, par conséquent, nuisible parce que faisant naître des espoirs qui seront forcément déçus.

Les meilleurs ouvriers étant, comme on sait, ceux qui connaissent non seulement le maniement des instruments qu'ils emploient mais aussi leurs limites, on peut augurer, à la lecture de ce livre, que l'auteur est en bon chemin pour en être.

Louis Constans,
Professeur émérite des Universités

Perpignan, le 5 juillet 1999

PROPOS INTRODUCTIFS

Au sein du Droit public, le droit administratif se présente comme un corps de règles spécifiques, eu égard à l'objet auquel elles viennent s'appliquer, à savoir, l'Administration, et eu égard à leur contenu, à savoir, un contenu, de tradition, exorbitant du droit commun. Mais comme le souligne Jacques Chevallier, le droit administratif n'apparaît pas seulement sous la forme d'une branche de droit parmi les autres ; il se présente également d'un point de vue sociologique en tant que « champ de production juridique spécialisé, caractérisé par une certaine cohésion et disposant d'une autonomie relative[4] ». Le droit administratif renvoie alors à un corps de professionnels dont il n'est pas dissociable : à savoir prioritairement un juge administratif qui construit les règles particulières du droit administratif. Il se voit secondé, parfois à son corps défendant d'ailleurs, par un ensemble de spécialistes es droit administratif, réunis sous l'appellation familière aux juristes : la Doctrine ; cette dernière contribue à la construction de l'édifice et systématise le droit administratif en interprétant et en diffusant les solutions jurisprudentielles établies par la juridiction administrative.

On peut à cet égard souligner que derrière la façade, longtemps apparente, de la noble stabilité du système administratif français, il est désormais admis que la stabilité de l'édifice fût en réalité cycliquement menacée. Aussi « cette crise » que l'on a coutume d'entendre évoquer aujourd'hui, à propos *d'un droit administratif en mutation*, pourrait n'être qu'une manifestation récurrente de cette contestation généralisée, autrefois sourde, à présent ouverte et sans retenue, du droit administratif et de l'office de son juge. Pour autant, on est en droit de se demander si cette dernière ne sera pas fatale, cette fois, au droit administratif en tant que système de droit original ; elle en menace dangereusement en tout état de cause la pérennité...Il faut remarquer en effet qu'en

---

[4] Jacques Chevallier, « *Le droit administratif, entre science administrative et droit constitutionnel* », in *Le droit administratif en mutation*, p. 11, CURAPP, P.U.F, 1993.

amont des contestations, le droit administratif se voit actuellement soumis à un « ensemble de mutations concrètes dans la structuration de l'ordre juridique », mutations qui contraignent désormais le champ d'application de ce droit administratif, comme la légitimité de ses fondements.

Ainsi, par exemple, n'est-il plus « le seul vrai droit » au sein du droit public ; il entre alors dans un système de concurrence où il fait face à d'autres « savoirs juridiques », qui sont de nature à affecter le domaine de l'administration ; le droit administratif doit donc désormais se positionner, se resituer, par rapport aux autres branches de droit [5]. Dans sa « chute », pour ainsi dire, il entraîne son juge.., ce juge constructeur de droit, conseil du gouvernement… qui désormais se confronte, affronte, ou compose avec les juridictions et les productions juridiques concurrentes : celles de la juridiction constitutionnelle, des juridictions communautaire et européenne, la concurrence croissante des instances dites de régulation et autorités administratives indépendantes, et enfin celles des juridictions judiciaires en général, et récemment de la juridiction pénale en particulier. Les juridictions judiciaires n'étaient-elles pas, il n'y a pas si longtemps, « renvoyées dans leurs cordes » au nom des règles séculaires constituées par le principe de la séparation des autorités administratives et judiciaires et celui corrélatif de la dualité des ordres de juridiction ?

A une époque où, les débats sur la légitimité des régimes et des institutions redeviennent à la mode, on peut s'interroger rétrospectivement sur celle du droit administratif : ce droit administratif, distinct des autres, dérogatoire au droit commun, a trouvé sa légitimité en tant que *droit de la Puissance publique* ; cette notion de *Puissance publique* trouvant elle-même à se légitimer par la nécessité de rendre le *Service public* [6]. Les

---

[5] Jacques Chevallier, « *Le droit administratif, entre science administrative et droit constitutionnel* », op. cit., p. 12

[6] « *La Puissance publique ne peut pas se légitimer par son origine, mais seulement par les services qu'elle rend conformément à la règle de droit ; il en résulte dès lors que l'Etat moderne apparaît de plus en plus comme un groupé d'individus travaillant de concert, sous la direction et le contrôle des gouvernements, à la réalisation des besoins matériels et moraux des participants ; qu'ainsi à la notion de puissance publique se substitue celle de*

privilèges accordés alors à l'administration « ne sont que la contrepartie des devoirs qu'elle a envers la collectivité [7] », à savoir la satisfaction de l'intérêt général, le service des administrés, mais aussi, c'est là un élément régulièrement oublié, le respect de la moralité publique[8].

Remarquons incidemment que si ce droit dérogatoire s'est trouvé une légitimation en tant que droit de la Puissance publique, la juridiction administrative n'a trouvé au mieux qu'une raison d'être utilitaire : il fallait un juge pour appliquer le droit de la Puissance publique..., beaucoup plus, certainement, qu'une véritable légitimité. Le juge administratif n'est-il pas depuis l'origine défini comme le juge réservé d'un domaine où nul autre tribunal n'est admis à entrer, et par là aisément perçu comme le juge de la soustraction de l'administration au droit commun. Le déficit de légitimité de la juridiction administrative, réel ou supposé, était presque congénital. Il fallait donc que le juge, en même temps qu'il construisait le droit administratif, se construise une légitimité, vis-à-vis des citoyens et des administrés, en se démarquant de cette partialité supposée à l'égard de l'objet de son contrôle : l'administration. C'est ainsi que le juge administratif va chercher à se faire admettre comme un juge protecteur des administrés, et autant que faire se peut, favorable à leurs intérêts ; il développera des outils à cette fin, familiers au juriste : le développement du recours pour excès de pouvoir, le contrôle des actes de l'administration, l'élaboration des principes généraux du droit...

Or, dans le domaine de la responsabilité administrative, ce mode de légitimation, que l'on pourrait presque qualifier de « légitimation sociale », mis en œuvre par le juge administratif

---

service public ; que l'Etat cesse d'être une puissance qui commande pour devenir un groupe qui travaille. » L. Duguit, « *Traité de droit constitutionnel* », Paris 1927, 3e éd. Tome I.

[7] Yves Poirmeur, Emmanuelle Fayet, « *La doctrine administrative et le juge administratif. La crise d'un modèle de production du droit* » in Le droit administratif en mutation, p. 115. CURAPP, P.U.F, 1993.

[8] On peut ici ouvrir une parenthèse et se demander à cet égard, si les réductions de la part de Puissance publique, les mutations de la notion de service public et la multiplication des « affaires » portées devant les juridictions pénales impliquant l'administration, ne sont pas alors de nature à affecter le droit administratif contemporain d'un déficit énorme en terme de légitimité.

s'avère particulièrement remarquable. À partir du début du siècle, c'est le juge administratif, sensible à l'évolution des idées de justice et de progrès du droit, qui va amorcer les grandes mutations du droit de la responsabilité administrative, celles qui aujourd'hui se poursuivent toujours dans le sens d'une meilleure situation accordée aux victimes de l'administration. C'est ainsi qu'à l'irresponsabilité de la Puissance publique, a succédé un régime de responsabilité de l'administration pour faute, sans faute, et plus récemment, la recherche de nouveaux gisements de faute et de responsabilité. Autant d'éléments qui traduisent que le juge, secondé par la loi, se dirige vers une véritable fonction sociale de la responsabilité administrative.

Pour autant, en se posant résolument, au titre de sa fonction de juge de la responsabilité (des agents, comme des activités de l'administration), comme *un juge de la réparation et surtout de l'indemnisation*, le juge administratif semble laisser de côté l'autre aspect, tout aussi important de la responsabilité : l'imputation du dommage à un responsable précisément identifié et l'application d'une sanction à l'auteur de ce dommage. C'est là un deuxième aspect de la réparation à accorder à la victime. Faut-il s'étonner que l'aspect sanction de la responsabilité ait été relativement gommé auprès du juge administratif ? Car en effet, dans le domaine de la responsabilité administrative, comme dans divers domaines de droit administratif d'ailleurs, l'intérêt pour des questions relatives au pouvoir administratif de sanction ne fût que très limité ; Waline n'écrivait-il pas, en 1957, que « La répression ne rentre pas normalement dans les attributions du pouvoir administratif ». En définitive, la responsabilisation des agents publics a longtemps été supposée trouver un exutoire dans les rapports liant l'administration à ses agents, et dans l'utilisation de la sanction disciplinaire, voire quelques fois au travers de celle des ordres professionnels. Longtemps et parce que la justice administrative appliquait à des litiges opposant particuliers et agents de l'administration, des solutions réparatrices avantageuses pour la victime, et parce qu'il n'y avait, en définitive, pas de solution alternative envisageable, le juge administratif, juge de la responsabilité administrative, et même, de la responsabilité « tout court », des agents de l'administration, se voyait relativement à l'abri des contestations.

Reste que le vide ainsi laissé par l'absence de véritable sanction publique ouvrait un champ d'intervention possible à tout autre juge qui saurait être le juge de la sanction. Le juge pénal en avait d'ailleurs la possibilité légale en cas de faute personnelle de l'agent tombant sous le coup d'une incrimination pénale. Au sein de la responsabilité administrative, en effet, ce cas de figure où un agent public aurait à être attrait *devant le juge pénal* était prévu. Néanmoins, en pratique, le juge pénal n'avait guère l'opportunité, ni peut-être le désir, de sanctionner la responsabilité pénale des agents publics.

Ainsi, le juge pénal, en tant que juge de la responsabilité pénale des agents publics et des élus va traverser les mutations du régime de la responsabilité administrative sans pour autant en faire partie. Jusqu'à ce que des mutations contemporaines d'ordre social, parfois juridique, ne viennent renouveler les relations entre *la responsabilité administrative* proprement dite et l'éventuelle *responsabilité pénale des agents de l'administration.* (titre I.)

Au titre de ces mutations sociales, mention peut être faite succinctement d'un certain nombre d'éléments intrinsèquement liés à l'époque actuelle. En premier lieu, le constat que les sociétés contemporaines semblent être entrées dans ce que les travaux de François Ewald stigmatisent comme le troisième âge du droit de la responsabilité : l'ère de la sécurité. La fatalité n'est alors plus admise et chaque administré, comme tout citoyen, dissocie parfaitement la question de la responsabilité et sa sanction nécessaire, de la question de l'indemnisation. En second lieu, faut-il souligner le contexte général actuel de pénalisation des rapports sociaux, a contrario des temps où les affaires se soldaient, en définitive, pour les moins graves, par la réconciliation « autour du verre de vin », voire pour les plus graves au moyen « du coup de fusil ». Enfin, une des difficultés majeures de l'époque contemporaine reste paradoxalement sa vulnérabilité par rapport à la notion, et surtout par rapport à la réalité, de *crises*, naturelles, sinon et surtout technologiques, marquées par la multiplication difficilement maîtrisable des risques : risque environnemental, risque médical...

Au titre des mutations juridiques, il n'apparaît guère possible de ne pas signaler, d'une part, le mouvement de remise en question, sinon de remise en cause, de l'efficacité de la juridiction administrative au sein d'un droit public dont certains annoncent, peut-être prématurément à notre sens, la fin [9]. Il faut bien constater, d'autre part, la montée en puissance presque continue de la juridiction pénale, et particulièrement, au titre d'une réflexion comparée sur la justice administrative et pénale, la renaissance du juge pénal, dans son aspect de juge de la responsabilité pénale des agents publics.

A cet égard, cette question de la responsabilité pénale de l'administration, après avoir occupé une place marginale dans le droit de la responsabilité administrative, (car recouvrant des hypothèses marginales de faute personnelle d'un agent de l'administration), et rejetée, de fait, à l'extrême frontière du régime de la responsabilité administrative[10], se trouve aujourd'hui bien souvent au centre du débat. Le domaine de la *Responsabilité administrative*, nettement caractérisé par « l'abondance de la littérature juridique », et par « une production bibliographique récente et inhabituelle »[11], traduisait déjà l'intérêt croissant, et presque exponentiel, accordé dans la société européenne, à la question plus générale de la Responsabilité. L'entrée du juge pénal sur la scène administrative génère à présent une réflexion nouvelle chez les auteurs, entre étonnement et perplexité.

Toute étude relative à la responsabilité des agents publics et en particulier dans la perspective de leur responsabilité *pénale* implique de définir préalablement ce qu'il faut entendre derrière le terme *d'agents public* : on retiendra dans cette étude une acception de l'agent public en fonction de la définition élargie qu'en donne le droit pénal, à savoir toute personne qui concourt à un service public, qui met en œuvre une prérogative de puissance publique où

---

[9] Odon Vallet, « *La fin du droit public ?* » Revue administrative, 1992, n° 265.

[10] voire pour certains, *à l'extérieur* du domaine de la responsabilité administrative, en voyant dans l'étude de cette question, bien plus un aspect particulier de droit pénal qu'une recherche de droit administratif.

[11] Debouy Christian, «*Le droit français de la responsabilité administrative, métamorphose ou permanence*?», Cahiers juridiques de l'électricité et du gaz (CJEG), 01/10/97, n°156, p. 327.

qui détient un mandat public[12]. Cette définition englobe et déborde de la notion d'agent public et/ou de fonctionnaire telle quelle peut être retenue en droit public[13]. Sont donc naturellement visés les ministres[14], les fonctionnaires d'autorité au sein de l'administration

---

[12] Cf. H. Charles, R. Bernardini, Encyclopédie Dalloz, Cf. « Fonctionnaire public », n°4 et s.

[13] Un agent d'une administration est considéré avoir la qualité de fonctionnaire au sens de l'ancien article 174 du code pénal quelque soit sa position hiérarchique. Cf. Crim. 4 mai 1979, Bull. Crim. n° 159 ; D. 1979. IR.561 - *Rev. Science crim.* 1980. 126. Note Vitu.

[14] Le procès de ministres instruit par la Cour de justice de la république dans l'affaire du sang contaminé en fournit la plus récente illustration, et c'est jusqu'à ce jour le seul précédent qui ait vu juger par une juridiction hors droit commun, la Cour de justice de la République, des anciens ministres, à raison des actes commis pendant et pour l'exercice de leur fonction. Rappelons que l'article 68-1 de la constitution révisée en 1993, pose le principe de la compétence de la Cour de justice de la République (trois magistrats de la Cour de cassation, six députés, six sénateurs) pour juger de la responsabilité pénale des membres du gouvernement à raison « des actes accomplis par eux dans l'exercice de leurs fonctions et qualifiés de crimes et délits au moment où ils ont été commis ».
Les grandes étapes procédurales du jugements de trois membres du gouvernement mentionnées ci après le sont par référence à l'article du professeur Olivier Beaud, « *La Cour de justice de la République est-elle vraiment compétente pour juger les ministres dans l'affaire du sang contaminé ?* », Dalloz 1999, 8ème cah., pp. 75-80.
- Première moitié de l'année 1994 : onze premières victimes saisissent la Cour de justice de la République de plaintes dirigées contre deux ministres et un secrétaire d'Etat impliqués dans l'affaire du sang contaminé : Laurent Fabius, ancien premier ministre, Georgina Dufoix, ancien ministre des affaires sociales et de la solidarité nationale, Edmond Hervé, secrétaire d'Etat à la santé. Ces plaintes de particuliers vont être déclarées recevables par *la Commission des requêtes* de la Cour de justice de la République, les faits reprochés étant susceptibles d'entrer dans la catégorie de droit pénal des « violences volontaires » et de constituer particulièrement un crime de *complicité d'administration de substances nuisibles à la santé* au titre de l'ancien article 318 du code pénal devenu article 222-15 du nouveau code pénal. *La Commission d'instruction* de la Cour de Justice de la République va requalifier les faits en retenant le crime de *complicité d'empoisonnement*, l'usage de produits sanguins contaminant étant de nature à entraîner la mort de ceux à qui ils ont pu être administrés.
Le 11 mars 1997, le procureur général de la Cour de Justice de la République rend une première réquisition *de non lieu* et relève concernant les délits involontaires reprochés aux prévenus que ces derniers auraient accompli « les diligences normales » que l'on pouvait attendre d'un ministre dans pareille situation.
- La *Commission d'instruction* ne suivra pas les réquisitions de non lieu du procureur général et ordonne par un *arrêt du 13 mars 1997* la poursuite de l'enquête et un débat contradictoire où les ministres seront à nouveau auditionnés et mis en examen sur la base de documents nouveaux communiqués dans le cadre du second dossier du sang contaminé concernant le rôle des conseillers ministériels. Le 11 juin 1998, de nouvelles réquisitions du procureur général concluent à un non lieu.
- Enfin le 17 juillet 1998, l'arrêt de la *Commission d'instruction de* la Cour de Justice de la république, s'opposant à l'avis du procureur général, ordonne le renvoi de Laurent Fabius, Georgina Dufoix, Edmond Hervé devant la juridiction de jugement de la Cour de Justice de la République. Le procès des ministres s'ouvre le 9 février 1999 et s'achève par l'arrêt de la Cour de Justice du 9 mars 1999 portant relaxe de Laurent Fabius et de Georgina Dufoix et

déconcentrée comme au sein de l'administration territoriale, ainsi que tous les autres agents publics. Quant à la catégorie des « élus », celle-ci renvoie souvent de prime abord à l'image des élus locaux et en particulier à celle des maires ; faut-il alors rappeler qu'« il n'existe pas de responsabilité pénale propre aux maires et aux élus locaux »[15] ; mais que la responsabilité pénale en terme d'infraction comme de sanction, est fonction de dispositions générales qui s'appliquent de même à tout citoyen, et c'est au sein de cette responsabilité pénale, que *la responsabilité pénale des élus* trouve sa place. La responsabilité pénale des élus renvoie aussi bien alors à celle des élus *locaux* [16] qu'à celle des élus *nationaux* ;
Même s'il est vrai que pour ces derniers (parlementaires, Président de la république..), la possibilité d'engager cette responsabilité se voit soumise à des règles de procédure particulières [17]. Dans la

---

condamnation d'Edmond Hervé au titre des articles 319 et 320 ancien code pénal en vigueur au moment des faits, (121-3, 221-6 et 222- 19 du nouveau code pénal). Cf. aussi Olivier Beaud, « *Le sang contaminé. Essai critique sur la criminalisation de la responsabilité des gouvernants* », PUF, coll. Béhémoth, 1999.

[15] Cf. les propos de madame Corinne Lepage - Jessua à l'occasion du colloque de L'ASTRAFI, 24 juin 1994, relatif à *la responsabilité pénale des maires et des élus*, Les petites affiches, 15 févr. 1995, n° 20, pp. 37-38.

[16] Sans être exhaustive, la liste peut être longue: présidents, vice- présidents et autres membres du conseil régional, maires, adjoints et membres du conseil municipal, présidents élus et vice- présidents de syndicats mixtes, de groupements de collectivités territoriales...

[17] - Ainsi la responsabilité pénale des parlementaires, hors de leur fonction peut-elle être engagée devant les juridictions de droit commun mais s'accompagne d'un régime d'autorisation préalable du bureau ou de l'assemblée dont ils sont membres, destiné à les protéger de poursuites ou d'arrestations arbitraires ; l'article 26 de la Constitution dispose également que les parlementaires ne peuvent être mis en cause pénalement dans l'exercice de leurs fonctions pour leurs opinions et leurs votes émis.
- De même que le Président de la république, au titre de l'article 68 de la Constitution n'est responsable des actes accomplis dans l'exercice de ses fonctions qu'en cas de *haute trahison*, hypothèse marginale où il serait jugé par la haute Cour de justice, après avoir été mis en accusation par les deux assemblées statuant par un vote identique au scrutin public et à la majorité absolue des membres le composant.
Pour autant, une décision du Conseil constitutionnel du 22 janvier 1999, saisi à l'origine de la question de la compatibilité entre les dispositions constitutionnelles de mise en œuvre de la responsabilité pénale du président et les dispositions du Traité de Rome instituant une Cour pénale internationale et relevant l'incompatibilité, relance, *à titre incident*, la question de la responsabilité pénale du président de la République: « *Considérant qu'il résulte de l'article 68 de la Constitution que le président de la République, pour les actes accomplis dans l'exercice de ses fonctions et hors le cas de haute trahison, bénéficie d'une immunité ; qu'au surplus, pendant la durée de ses fonctions, sa responsabilité pénale ne peut être mises en cause que devant la Haute cour de justice, selon les modalités fixées par le même article* ; « *Considérant qu'il suit de là que l'article 27 du statut (de la Cour pénale*

pratique cependant, on verra que c'est le plus souvent vis-à-vis des maires et des élus locaux que les dispositions pénales vont trouver à s'appliquer, « sinon en leur qualité, du moins dans leur activité »[18].

Au-delà de la simple observation du phénomène, il faut s'interroger sur cette nouvelle place, et sur le nouveau rôle, si nouveau rôle il y a, de la responsabilité pénale au sein du bloc de la responsabilité administrative. Le paradoxe est là immense ; en effet, le juge pénal, juge de la responsabilité pénale des agents publics, comme désormais des structures de l'administration, ne se développe pas à l'intérieur du droit administratif, mais bien à l'écart du droit administratif (Titre II). Aussi, est-ce là un élément qui pourrait après tout ne participer seulement que de la montée générale en puissance du juge pénal et ne représenter qu'un aspect particulier de droit pénal sans avoir à faire l'objet d'une réflexion si modeste soit-elle en droit administratif. Les choses sont loin d'être aussi simples ; à tel point que des auteurs de plus en plus nombreux, et non les moins connus en viennent à parler, pour qualifier ce développement du juge pénal dans sa mission de juge de la responsabilité pénale des agents et personnes morales de l'administration, de « pénalisation du droit public » ! Ce serait là,

---

internationale), aux termes duquel « le présent statut s'applique à tous de manière égale, sans aucune distinction fondée sur la qualité officielle» est contraire au régime particulier de responsabilité institué par l'article 68 de la constitution.» Cf. suite de note page suivante. L'avis du Conseil constitutionnel sur la question intervient dans le même temps qu'une procédure judiciaire visant le financement du RPR relance depuis la fin de l'année 1998 les interrogations sur l'immunité ou la responsabilité pénale d'un président de la république française. La controverse doctrinale n'est pas tranchée et au moins deux interprétations seraient possibles : - le président peut être mis en en accusation selon une procédure de droit commun en cas de commission de crimes ou délits non liés à l'exercice de ses fonctions (Cf. par exemple le professeur Dominique Rousseau), ou - pendant toute la durée de l'exercice du mandat présidentiel, seules les deux assemblées peuvent mettre en accusation le président. Rappelons que les réquisitions du procureur de la République de Nanterre (Y. Bot), sollicité pour avis sur cette question de l'engagement de poursuites pénales par une juridiction ordinaire contre un président en exercice, par le juge d'instruction chargé du dossier du financement de membres du RPR par la ville de Paris, relève l'incompétence des juridictions de droit commun pour juger un président en exercice. Théoriquement, une saisine de la Haute Cour de justice par le Parlement sur la base d'éléments mettant en cause un président serait possible. La mise en cause de la responsabilité d'un président procède alors plus d'une initiative politique que purement judiciaire. Il semble qu'en l'espèce le juge d'instruction ait rendu une ordonnance d'incompétence sur cet aspect du dossier.

[18] Corinne Lepage-Jessua à l'occasion du colloque de L'ASTRAFI, Les petites affiches.15 février 1995 ; n° 20, op. cit.

pour le coup, l'expression d'une mutation remarquable du droit public.

Cette expression de « pénalisation du droit public » n'est pas juste car elle ne renvoie pas une image fidèle de la réalité juridique. Pour autant, si l'expression est juridiquement inexacte, elle reste porteuse de sens en ce qu'elle fait référence aux conséquences inédites, sur le droit administratif, du développement de cette responsabilité pénale. Sur ce dernier point, il faut croire que cette opinion n'est pas partagée par tous les juristes, et certains auteurs semblent dénier au droit pénal une influence conséquente sur l'évolution du régime de la responsabilité administrative. Christian Debouy [19], par exemple, rappelle qu'au titre de l'influence des sources nationales extérieures au droit administratif mais susceptibles de conduire à une évolution du régime de la responsabilité administrative, figurent, en première place, les droits civil et constitutionnel. Quant à l'influence possible du droit pénal, cet auteur énonce que si « (...) les principes du droit pénal se retrouvent de plus en plus dans le droit des sanctions administratives, le droit pénal ne nous paraît pas devoir exercer d'influence sur le développement de la responsabilité administrative en tant que régime de responsabilité « civile » ».

En réalité, il nous semble qu'il faille aller plus loin dans la réflexion et reconnaître que de facto, sinon de jure, le juge pénal, du fait de la multiplication des situations où il y est fait recours, comme du fait des moyens renouvelés dont il dispose pour exercer sa mission de recherche de la responsabilité pénale « de l'administration », déborde, du cadre ancien où il (s') était confiné jusque dans la sphère administrative... Il y sème d'ailleurs le trouble... En effet, à plusieurs égards, chacun est à même de se demander si le juge pénal, de *juge de la responsabilité pénale* des agents publics, ne se transforme pas en *juge de la responsabilité* des agents publics. A certains égards, effectivement, le juge pénal semble devenir « *le nouveau juge de la responsabilité des agents publics et des élus* ? » Et la nuance est d'une importance capitale.

---

[19] Cf. Ch. Debouy, op. cit. p.337.

Aussi apparaît-il utile de voir de quelle manière, un tel phénomène, qui ne correspond pas à une mutation proprement dite du droit administratif, est susceptible de venir influencer ce dernier, jusqu'à devenir un facteur de mutations du régime juridique de la responsabilité administrative… Qu'il s'agisse de mutations involontaires pour ainsi dire, qui participent d'une sorte d'effet induit de l'explosion de la responsabilité pénale des agents publics, ou qu'il s'agisse de mutations volontaires, car proposées par la sphère administrative elle-même, en réaction, et contre le risque de l'avènement d'un « deuxième juge de l'administration ». La « justice pénale » semble un redoutable concurrent pour la juridiction administrative, qui s'il était consacré, pourrait bien conduire à une réduction, *et* de l'office du juge administratif, *et* du champ d'application du droit administratif en tant que construction originale et droit dérogatoire au droit commun.

Alors qu'il est difficile de dire si l'effet en a, ou non, été recherché, la reconnaissance de la responsabilité pénale des agents et des personnes morales de l'administration, comme l'usage renouvelé qui en est fait par le juge pénal, heurte à nouveau et ébranle sérieusement certains fondements, par ailleurs bien érodés, du droit public français…

TITRE I.

LA RESPONSABILITE PENALE DES AGENTS PUBLICS, DANS LA MOUVANCE DES MUTATIONS DU DROIT ADMINISTRATIF DE LA RESPONSABILITE ?

Ce qu'il faut bien appeler *le droit de la responsabilité administrative* se présente, depuis plus d'un siècle, et se présente toujours, fondements législatifs du régime mis à part [20], sous la forme d'un *régime général jurisprudentiel* [21] *et évolutif* ; ces deux caractères méritent d'être commentés. D'une part en effet, dès et avec l'arrêt Blanco du tribunal des conflits [22], l'autonomie de la responsabilité administrative fut affirmée par rapport aux règles du droit civil régissant la responsabilité, sans que soit précisé pour autant *le contenu* des règles à appliquer par le juge administratif lors des actions en réparation pécuniaires dirigées contre l'administration [23] ; ce qui conduisait, pour l'avenir, à investir le juge administratif d'une mission : celle de bâtir, au fil de sa jurisprudence, le contenu du droit de la responsabilité administrative.

Quant à l'évolution de ce régime de la responsabilité administrative d'autre part, on est passé d'un système, où par volonté de ne pas atteindre à la souveraineté de l'État [24], l'*irresponsabilité de l'État pour les actes de puissance publique* était opposée aux « victimes » de l'administration, à la mise en place début du XXe siècle, *d'un régime général de responsabilité pour faute*, sur des fondements doctrinaux, tels que « le progrès des idées de justice »[25], ou « l'idée moderne du droit »[26]. D'autres évolutions se réalisent depuis environ vingt ans. Elles sont perceptibles au travers de la reconnaissance d'une *responsabilité sans faute*, comme de l'extension de plus en plus fréquemment de cette responsabilité sans faute à de nouvelles activités de l'administration. Enfin, n'est il pas exclu que des hypothèses inédites de responsabilité de l'administration émergent. C'est le cas de la responsabilité pour risque. De même, l'influence des sources

---

[20] Cf. Toutes les lois dont l'objet vient fonder et compléter le droit de la responsabilité administrative...

[21] Il n'existe en effet pas de texte instituant un régime général de responsabilité administrative

[22] TC, 8 février 1973, Blanco, GA 11° éd.1996, p.1.

[23] Debouy Christian, op. cit. p.327.

[24] L'Etat entendu d'abord sous une forme monarchique, puis sous la forme républicaine.

[25] Cf. conclusions Teissier, sous CE,29 mai 1903, *Le Berre*, S. 1904 III, p. 121.

[26] Cf. conclusions Romieu CE, 27 février 1903, *Zimmerman*, Rec., p. 179, S. 1904 III, p. 179.

nouvelles du droit administratif que sont les droits communautaire et européen poussent au renouvellement du régime de la responsabilité administrative. Il semble que ces transformations que le droit administratif de la responsabilité donne à voir, doivent être appréhendées sous l'angle des mutations : celles d'un ordre administratif antérieur à un ordre juridique nouveau. Ce sont ces grandes mutations de la responsabilité administrative qu'il faut tenter d'analyser (Chapitre I).

On peut s'interroger, en second lieu, sur la place qui a été faite, dans ce droit évolutif de la responsabilité administrative, à la responsabilité pénale des agents de l'administration (Chapitre II). Cette responsabilité pénale des agents publics s'inscrit-elle dans la mouvance des mutations du droit administratif de la responsabilité ? De longue date, fut prévue la possibilité d'attraire l'agent public devant le juge pénal. A la suite de ce qui s'apparente à une mutation historique originelle, à savoir, le passage de l'*irresponsabilité* à la *responsabilité pénale* des élus et fonctionnaires, la responsabilité pénale devient une sorte de constante historique traversant les époques et les régimes, se fondant sur un régime juridique étonnamment statique. Pour autant, cette question de la responsabilité pénale des agents publics a renvoyé, en pratique, à des hypothèses relativement marginales de faute personnelle d'un agent.

Ce qu'il faut souligner aujourd'hui, ce sont les mutations, non pas du régime séculairement prévu de cette responsabilité pénale, mais les mutations des pratiques sociales et juridiques. Ce sont elles qui conduisent désormais à une mise en œuvre effective de la responsabilité pénale des agents publics et qui contribuent à faire une utilisation rénovée de cette responsabilité pénale « de l'administration », en usant de cette possibilité comme une forme de modélisation des angoisses sociétales.

Chapitre I.

Les grandes mutations de la responsabilité administrative

En 1873, l'arrêt Blanco représente moins une date clé dans l'histoire du droit administratif que le démarrage d'une aire « révolutionnaire », en ce sens qu'il marque le début d'une époque, où le juge administratif (parfois le juge judiciaire dans des hypothèses précisément énumérées par la loi) se met à rechercher, dans la mesure du possible, à indemniser les victimes de l'agissements administratif. Moins de quinze ans après, le Conseil d'État « ouvre la marche » en étendant progressivement le domaine d'application de la responsabilité administrative, d'une part à des activités auparavant couvertes par l'irresponsabilité [27], en prévoyant la possibilité d'engager la responsabilité pour faute, d'autre part à des activités où l'absence de faute interdisait la condamnation, en instaurant désormais un régime de responsabilité sans faute [28].

Aujourd'hui, au regard de l'acquis administratif en matière de responsabilité administrative et au vu des récentes évolutions jurisprudentielles, il est possible d'affirmer, que le droit de la responsabilité administrative se transforme continuellement, toujours plus avant dans le sens d'une fonction sociale de la responsabilité administrative (Section. I). Ainsi en témoigne l'évolution des régimes de responsabilité dans un sens favorable aux victimes de l'administration. Si l'on considère en outre les fondements de ce droit indemnitaire évolutif, on remarque qu'il s'établit sur des fondements anciens qui ont contribué à lui imprimer ce caractère indemnitaire. Caractère qui s'est renforcé presque linéairement sur la base de fondements plus contemporains, cette fois. Alors, permanence et mutations des fondements impriment toute l'évolution du droit administratif de la responsabilité (Section. II).

---

[27] Ainsi en est-il de l'admission de la responsabilité administrative en matière de police administrative. Cf. CE, 10 février 1905, *Tomasso Greco*. GA, 11° éd.1996. P.79.

[28] Cf. le premier arrêt instaurant un régime de responsabilité sans faute: CE, 21 juin 1895, *Cames*. GA, P.38.Op. cit.

Section I.

Vers une fonction sociale de la responsabilité administrative

Ou l'évolution des régimes de responsabilité dans un sens favorable aux victimes de l'administration.

À l'instar du début du siècle, le juge administratif se trouve presque dans l'obligation de « faire parler un droit », le droit administratif de la responsabilité, afin qu'il apporte des réponses aux réclamations des administrés victimes de préjudices. C'est ainsi que l'examen des techniques mises en œuvre par le juge administratif, révèle des améliorations en faveur des victimes, qu'il s'agisse des régimes de responsabilité pour faute, puisque la faute reste la technique normale d'engagement de la responsabilité administrative, ou des régimes de responsabilité sans faute.

§. 1. L'amélioration du sort de la victime dans le régime de la responsabilité pour faute de l'administration

Relativement au régime de la *responsabilité pour faute de l'administration*, la recherche d'une meilleure indemnisation a conduit le juge à procéder d'abord *à un élargissement de la notion de faute de nature à engager la responsabilité administrative* :

- *En premier lieu par la réduction des situations où une faute lourde est nécessaire pour condamner.*

Il n'est pas inutile en effet de rappeler, comme le souligne Ch. Debouy [29], que « la mise à l'écart de l'irresponsabilité de la puissance publique ne s'est pas traduite immédiatement par une

[29] Op. cit. p. 329

large possibilité d'action pour les administrés » ; la jurisprudence, dès 1928 en effet, exigeait dans de très nombreux cas d'espèce l'existence démontrée d'une faute lourde [30]. Une telle tendance n'a pas été en s'atténuant ; pour mémoire jusque dans les années 1960, l'exigence de « la faute manifeste et d'une particulière gravité »[31] ou de « la faute d'une exceptionnelle gravité »[32] concernant l'exercice de certaines activités administratives. Depuis 1990 cependant, la jurisprudence en matière de responsabilité administrative donne à voir *un net recul de la faute lourde*, dans trois secteurs particulièrement [33].

D'abord dans le domaine des *services fiscaux* dont le régime de responsabilité administrative a été ébranlé en 1990 [34]. Ensuite concernant le régime de la *responsabilité hospitalière*, dont les évolutions juridiques méritent d'être considérées ici, tant ce domaine a été exposé par la médiatisation de trop nombreuses affaires suivant la survenance de préjudices d'une extrême gravité à la suite d'activités médicales. Rappelons schématiquement que depuis 1935, la responsabilité hospitalière était subordonnée au double régime : de la *faute simple* (pour ce qui concernait l'organisation du service hospitalier et les soins ordinaires) et de la *faute lourde* (requise pour les actes médicaux et chirurgicaux, par nature difficiles à accomplir)[35]. On peut noter qu'en pratique, la jurisprudence face à un dommage provenant d'actes médicaux (entendus globalement) s'est montrée plus souple, en utilisant fréquemment la notion de faute simple et en admettant « sans trop de restriction » la faute lourde. Cependant, le grand revirement se voit constitué en 1992 par un arrêt où l'Assemblée du contentieux du Conseil d'État relève, pour asseoir sa condamnation de l'hôpital

---

[30] J. Waline, « *L'évolution de la responsabilité administrative extra contractuelle des personnes publiques*, EDCE (Etudes et documents de Conseil d'Etat), n° 46, Doc. Française, 1995, p.462.

[31] Cas de certains services hospitaliers, psychiatriques par exemple, ou même des services pénitenciers.

[32] En matière de services fiscaux.

[33] On retiendra ceux présentés par Christian Debouy dans « *Le droit français de la responsabilité administrative* » op. cit. p.330.

[34] CE, *Sect.*27 juill. 1990, *Bourgeois. Rec.* 242, RFDA,1990, p.899. concl. Chadid Nourai et AJDA 1991, p.53, note L. Richer.

[35] Cf. CE, 8 nov. 1935, *Veuve Loiseau et dame Philiponneau, Rec.* 1019. V.J. Waline, op. cit. p. 462 et CE, Sect. 26 juin 1959, *Rouzet, Rec.* 405

public, des erreurs constituant « *une faute médicale de nature à engager la responsabilité de l'hôpital* »[36]. On est alors en mesure de s'interroger sur la pérennité du principe séculaire de la faute lourde dans le domaine hospitalier : la faute lourde disparaissant au profit d'une faute particulière, *la faute médicale* (tout aussi difficile à définir), si ce n'est que cette dernière semble être appréhendée empiriquement par le juge, en fonction de la gravité du dommage subi et du sentiment de pitié ou d'effroi provoqué chez ce même juge[37]. Ces deux conditions (certes peu académiques...) étant réunies, la responsabilité administrative hospitalière devient, pour les victimes, effectivement plus aisée à mettre en jeu. Il apparaît alors que de façon plus marquée qu'en droit pénal et peut être qu'en droit civil, le paramètre principal qui commande la retenue de la faute et sa sanction en droit administratif, reste à l'évidence, le préjudice (anormal, spécial...). Il est alors regrettable que la responsabilité soit la contrepartie de la survenance d'un préjudice constitué.

A cette place, une mise en parallèle avec les innovations en matière pénale par rapport à la notion de faute se révèle intéressante : ainsi la création d'une nouvelle infraction et catégorie de faute pénale, *la mise en danger de la personne d'autrui* ; ici l'absence de survenance d'un dommage à la victime semble indifférente au fait que l'infraction soit constituée et n'apparaît pas, (sinon moins), de nature à compromettre la condamnation de droit pénal. Encore doit-on faire montre de prudence dans cette affirmation relative à des jurisprudences pénales à venir : en effet, il est probable que l'examen de la nature et du montant *des réparations* cette fois, accordés aux victimes potentielles du danger auquel elles ont été exposées, révèle les mêmes « défaillances » que l'on stigmatise dans le régime juridique (insatisfaisant ?) de la responsabilité administrative[38] ; et que d'aucuns peuvent craindre lorsqu'ils sont mis en situation d'accusateurs de l'appareil administratif, fut-il hospitalier.

---

[36] CE, *Ass.*,10 avril 1992, *époux V.*,GA, op. cit. p. 768

[37] En l'espèce, la victime après une anesthésie péridurale, avait fait un arrêt cardiaque et s'était trouvée affectée de graves infirmités..

[38] à savoir, l'indemnisation du préjudice pour risque subi: oui ; la sanction du risque encouru: éventuellement on peut l'espérer ; mais l'indemnisation pour risque encouru: non.

Enfin, le troisième cas où les victimes bénéficient de ce déclin de la faute lourde comme condition à la mise en œuvre de la responsabilité administrative, se manifeste désormais dans *des situations où la puissance publique exerce un contrôle* sur des responsables d'activités diverses ; le meilleur exemple étant celui de la tutelle exercée par l'État sur des collectivités locales et des établissements publics, sans omettre les contrôles exercés sur des organismes privés. En ce cas, il est d'habitude que les *agents* qui sont *les responsables* d'une activité assument prioritairement la responsabilité en cas de faute. En la matière, la règle voulait que *le contrôleur*, lui, ne fût considéré aussi comme responsable, qu'à condition que le dommage n'ait pu se réaliser que par sa faute, et que la dite faute présente le caractère de la faute lourde. En 1993 [39] cependant, l'Assemblée du Conseil d'État retient la responsabilité de l'État, (le contrôleur), sur la base de *la faute simple* : pour défaut de surveillance du Centre National de transfusion Sanguine (CNTS), c'est-à-dire pour carence dans son activité étatique de réglementation et de contrôle de la transfusion sanguine. Un auteur[40] voit dans cette jurisprudence, plus la contrepartie des pouvoirs dont dispose l'État pour garantir la santé publique, que le contexte de scandale médiatique. Il n'est pas sur que l'explication se décline d'après cet ordre.

- L'amélioration du sort de la victime dans le régime de responsabilité pour faute de l'administration transparaît, *en second lieu,* au travers d'un autre phénomène : en sus du déclin de la faute lourde en effet, *l'accroissement des obligations pesant sur l'administration* contribue également à l'élargissement de la notion de faute engageant la responsabilité de l'administration. Cet accroissement des exigences quant au comportement de l'administration n'est pas exclusivement le fait des textes ; *le juge va étendre logiquement les obligations pesant sur l'administration* dans la mouvance des fonctions sociales auxquelles le droit de la responsabilité administrative s'efforce de répondre. Une fois encore, le secteur de l'hôpital fournit un exemple topique, avec l'inscription toute récente et le rappel, désormais ferme, d'un

---

[39] CE, *Ass.*, 9 avril 1993, *M.M.D., G., B., Rec.*110 concl. H. Legal, AJDA, p. 381, Chron. Jurisp. C. Mauguet et L. Touvet. JCP 1993, II, 22110 Ch. Debouy.

[40] Christian Debouy, op. cit.

véritable devoir d'information du patient à l'hôpital sur la nature des actes pratiqués et leurs conséquences prévisibles[41].

- L'accroissement des obligations pesant sur l'administration (et donc l'élargissement de la notion de faute), passe aussi, *en troisième lieu,* par l'extension de la responsabilité de l'administration *pour faute présumée.* Ainsi le droit administratif de la responsabilité évolue t-il vers une amélioration de la situation de la victime, par le biais de l'allégement de la charge de la preuve pour le justiciable. Aux présomptions de faute classiques[42], s'ajoutent désormais des situations nouvelles où la possibilité pour l'administration défenderesse d'apporter la preuve contraire et de s'exonérer de sa responsabilité devient presque impossible ; ainsi pour le secteur hospitalier[43], la présomption de faute dans l'organisation ou le fonctionnement du service révélée par l'état grave d'un patient ayant subi un acte ou un traitement médical. La faute dans l'organisation ou le fonctionnement du service est encore présumée, « lors de dysfonctionnements évidents mais pour lesquels la preuve aurait été difficile à apporter »[44]. Dans le même élan, par un arrêt de section, (19 avril 1990, *M. Ingremeau, Rec.* 284, AJDA 1990), le Conseil d'État opère un revirement en défaveur / de la collectivité publique : alors qu'auparavant, la victime aurait dû apporter preuve de la faute

---

[41] Si en 1990, le juge refusait une indemnisation aux parents d'un enfant malformé et non diagnostiqué comme tel lors de l'Echographie (Cf. TA Strasbourg, 17 juillet 1990, *M. Mme S/ Hôpital Notre Dame du Bon Secours*, AJDA 1991P. 217). Depuis deux ans, le Conseil d'Etat reconnaît et condamne sur la base de l'obligation d'information du patient particulièrement étendue dans en matière de chirurgie esthétique: CE, 15 mars 1996, *Mlle Durand*, RFDA, p. 630, n° 37.) et pour la première fois en matière de génétique, dans une espèce où est fautif l'hôpital qui n'informe pas une mère des risques particuliers d'erreurs d'une amniosynthèse, débouchant sur la naissance d'un enfant trisomique. (Cf..CE, Sect. 14 février 1997, *CHR de Nice*. JCP 1997, II, 22828. RFDA 1997 ,p.374.AJDA 1997, p. 480.

[42] A titre d'exemple, la responsabilité pour les dommages accidentels causés aux usagers par un ouvrage public.

[43] Cf. CE, 9 déc. 1988, *Cohen*, *Rec*.431, AJDA 1989 » p.405, où l'état du malade « *révèle une faute dans l'organisation ou le fonctionnement du service hospitalier à qui il incombe de fournir un matériel et des produits stériles.* » Une solution similaire à été reprise par le juge administratif relativement à la contamination de malades par le virus du sida lors de transfusions sanguines à l'hôpital. Cf. Cour Administrative d'Appel de Paris, 20 octobre 1992, *Administration générale de l'Assistance publique* à Paris J.C.P 1993. I. 22034, note Ch. Debouy).

[44] CE, 12 oct. 1983, *Rolland*, *Rec*. 856. A propos de l'évasion d'un aliéné, ayant tué un voisin à l'aide d'un couteau dont il avait pu s'emparer.

commise par la collectivité ou les personnes qui lui sont substituées, en l'occurrence la preuve d'un défaut de surveillance, l'État va être déclaré responsable des dommages causés par un de ses pupilles, par présomption de faute. En l'espèce, l'enfant étant mineur, la collectivité n'avait pas de moyen de s'exonérer de sa responsabilité. Dans toutes autres circonstances, la collectivité peut échapper à sa condamnation en apportant la preuve - soit qu'elle n' était pas en mesure d'empêcher la faute, - soit de la faute de la victime qui se prévaut d'un préjudice. Incidemment, il y a là alignement sur l'ancienne solution civiliste de la présomption de faute de l'enfant impliquant responsabilité des parents (cf. article 1384, al. 4 et 7 du code civil). Depuis un an environ, la Cour de Cassation retient une responsabilité des parents sans faute (Civ. 2e, 19 février 1997, Samda c/macif, G.P., 15 mars 1997, flash juris.p.39.).

Parfois même, ce n'est pas *une présomption de faute* qui fondera l'action en responsabilité administrative et la condamnation, mais une simple *présomption de causalité*. La personne publique est alors condamnée sans qu'ait été rapportée la preuve du lien de causalité entre la faute qu'on lui impute et le préjudice conséquent. A titre d'exemple, en 1993 [45], le juge retient une *présomption de causalité* entre la faute commise par l'État pour carence dans l'utilisation de produits sanitaires, et « la contamination des personnes par le V.I.H. à la suite d'une transfusion de produits sanguins non chauffés opérée entre le 22 novembre 1984 et le 20 octobre 1985 », sans pouvoir certifier que la contamination provient de ce mode de contamination plutôt que d'un autre. Dans cette espèce, le juge administratif n'a pas fait montre d'une audace particulière puisqu'il s'est appuyé sur la loi du 31 décembre 1991, (art. 47 IV) « qui dispense de toute preuve de lien de causalité ; celui-ci étant présumé à partir de la preuve de deux éléments : celle de l'atteinte par le virus, et celle transfusions de produits sanguins ou d'injections de produits dérivés du sang.[46] ». D'ailleurs, alors que cette dernière loi ne définissait pas

---

[45] CE, *Ass.*, 9 avril 1993, *M.M.D., G., B., Rec.*110 AJDA, p. 381, Chron. Jurisp. JCP 1993, II, 22110 op. cit.

[46] Debouy Christian, « *Le droit français de la responsabilité administrative, métamorphose ou permanence* ? », op. cit. p.333.

de période de contamination, il semble bien que le juge, ait défini lui, la période au cours de laquelle pouvait jouer la présomption de lien de causalité.

§. 2. Les développements du régime de la responsabilité sans faute de l'administration

Enfin, peut-on relever le développement du régime administratif de la *responsabilité sans faute*. Initiée en 1895 par le juge[47], la responsabilité sans faute se voit depuis largement étendue aussi bien par la jurisprudence administrative, que par le législateur. La possibilité offerte à une victime d'obtenir réparation sans faire la preuve d'un comportement fautif des agents, et à travers eux des activités de l'administration, répond incontestablement à un besoin de justice sociale. Parallèlement, il n'est pas surprenant que l'administration s'accommode d'un régime qui la met, et avec elle ses activités et ses agents, à l'abri de la dénonciation publique d'une faute ou de la critique de l'opinion.

Il convient de rappeler à cette place les bases historiques sur lesquelles *le régime de responsabilité sans faute* s'appuie. Presque de tradition (doctrinale), le régime de *la responsabilité sans faute de l'administration* s'appuie sur *la rupture de l'égalité devant les charges publiques*. D'aucuns semblent tirer de la reconnaissance constitutionnelle de l'égalité des citoyens devant les charges publiques[48], la conséquence que la rupture de l'égalité devant les charges publiques serait le fondement unique des cas de responsabilité sans faute. C'est là une conception quelque peu désuète, de moins en moins partagée et qui hormis quelques cas de jurisprudence isolée[49], n'a jamais fourni de grandes occasions d'engager la responsabilité sans faute de l'administration, ni de conduire à une amélioration de la condition de victime de l'administration.

Aussi, à cette vision ancienne, se substituent désormais de nouvelles possibilités d'engagement de la responsabilité sans

---

[47] Cf. CE, 21 juin 1895, *Cames*. GA, P.38.op. cit.

[48] Cons.Constit., décision 85198, du 13 décembre 1985, amendement Tour Eiffel.

[49] En matière d'urbanisme par exemple, avec responsabilité de l'Etat sans faute du fait de fouilles archéologiques....

faute : celles ci participent toujours de cette *fonction sociale* de la responsabilité administrative [50]. Ainsi en va t-il en jurisprudence, de *l'extension de la notion de collaborateur dans le but d'étendre la responsabilité sans faute aux collaborateurs occasionnels du service public* ; à ce titre, un donneur de sang s'est vu reconnaître la qualité de *collaborateur occasionnel du service public de la transfusion sanguine*. Il en va récemment de même de l'engagement de *la responsabilité pour risque*. Ce point est particulièrement novateur car la responsabilité pour risque tend à devenir le grand champ d'application de la responsabilité sans faute. C'est pourquoi, un paragraphe autonome sera consacré spécifiquement à cette seule responsabilité pour risque qui témoigne de la tentative du droit et du juge administratif de parvenir au profit des victimes à une gestion du risque la moins imparfaite possible.

---

[50] On ne fera pas ici état des régimes législatifs d'indemnisation, certains sont pourtant bien connus ; la loi du 13 juillet 1982 pour les catastrophes naturelles par exemple.

Section II.

Essai sur l'évolution des fondements d'un droit indemnitaire en mutation

En tout état de cause, pourra-t-on se féliciter de l'évolution du régime de la responsabilité administrative dans le sens d'un droit de l'indemnisation, tout en soulignant le revers d'un droit qui semble se cantonner et chercher à se perfectionner en tant que droit de la réparation, et qui ne présentait pas, jusque récemment, les caractères d'un droit de prévention. Cependant, le droit administratif, n'échappant pas à la tendance générale, semble s'ouvrir désormais à de nouvelles avancées. Autant d'éléments qui conduisent à parler de « mutation » ; effectivement eu égard aux transformations qu'a connues le régime de la responsabilité administrative, celui ci n'est plus reconnaissable. Mais en réalité ne serait-il pas plus juste d'user du terme « d'évolutions », pour qualifier un régime qui s'appuie aussi bien sur des fondements anciens, donc persistants, que sur des bases nouvelles. Ainsi, les tentatives actuelles de gestion (juridique) des risques par le droit administratif, en particulier par le développement de la responsabilité pour risque trouvent leur origine dans des fondements anciens sur lesquels se greffent et de mêlent des sources d'influence récentes, telles le droit supranational.

§.1. Des fondements anciens

Jouer de l'exercice de comparaison aujourd'hui, et se replonger ne serait-ce que cinquante ans en arrière, conduirait quasi inéluctablement à faire état d'une *novation* quant aux régimes juridiques, législatifs ou réglementaires, comme jurisprudentiels, qui inscrivent désormais matériellement la responsabilité administrative et l'amélioration du sort des victimes (où présupposées telles) de l'administration dans la vie socio-

juridique. Cependant, les fondements intellectuels et doctrinaux de la prise en compte, par le droit administratif, du sort de la victime du fait de l'administration, comme la recherche d'une amélioration de sa condition, sont anciens. Déjà présents dans les travaux de Duguit[51], ils procèdent de ce que le doyen René Savatier relève déjà en 1931 [52], à savoir, « *la conversion de notre droit vers de nouvelles conceptions sociales* » sur la base de deux idée-forces qu'il livre au lecteur : «
l'une est déjà très claire : c'est que tout dommage accidentellement subi par un individu ou un groupe d'individus, doit dans une société bien construite, trouver une réparation assurée. L'autre idée, moins nette dans les esprits, mais dont la réalisation, est au fond aussi poussée, c'est qu'en définitive, le corps social apparaît comme le débiteur général de ces réparations individuelles ».
Ainsi déjà à l'époque, les idées de la socialisation et de la juridicisation du risque se profilent. Elles trouvent désormais une application dans le droit de la responsabilité administrative avec la tentative administrative de parvenir à une gestion du risque au profit des victimes.

§.2. Un cas particulier de responsabilité sans faute : la responsabilité pour risque, ou la tentative administrative de gestion du risque

La responsabilité pour risque se construit progressivement. Si un régime de responsabilité sans faute est appliqué de longue date à des *tiers* (cf. le régime applicable en cas de dommages de travaux publics causés aux tiers), depuis, des innovations jurisprudentielles se produisent[53] ; elles témoignent des efforts du

[51] Cf..Duguit, *Traité de droit constitutionnel*, éd. 1911, T.1,§50, p.257. « *Le service public est... établi dans l'intérêt de la collectivité: il fonctionne au profit de la collectivité ; si son fonctionnement occasionne un préjudice à un particulier, il est logique et équitable que ce soit la caisse collective qui supporte ce préjudice* ».Cf. aussi l'idée d'une « *constitution sociale* » en 1929.
[52] Cf. Savatier René, « *vers la socialisation de la responsabilité et des risques individuels ?* » DH, 1931, Chron. P.9.
[53] Cf. pour des évolutions précises, Christian Débouy, « *Le droit français de la responsabilité administrative, métamorphose ou permanence ?* », op. cit. p.334.

juge administratif pour parvenir à une gestion des risques. On note qu'il s'agit alors d'assurer aux victimes une réparation pour risques subis, non à subir. La jurisprudence récente donne ainsi à voir une extension du régime de la responsabilité sans faute, non plus à de simple *tiers*, mais à des *usagers* invités à s'en prévaloir après exposition à des produits à risque ; c'est le cas par exemple des produits sanguins qui ont pu être assimilés à des produits comportant des risques pour les usagers[54]. Le juge admet également de retenir une responsabilité pour risque suite au recours à des méthodes dangereuses ; ainsi reconnaît-il l'existence du risque thérapeutique, de l'aléa thérapeutique. Les arrêts Gomez [55] et Bianchi [56] sont venus illustrer ce cas de figure qui révèle un véritable bouleversement de la responsabilité hospitalière. Enfin, la jurisprudence n'hésite pas à user de notions telles que le risque du fait de l'exposition à une situation dangereuse ou le risque professionnel pour engager la responsabilité sans faute de l'administration et dégager une indemnisation.
En cette fin de siècle, la grande mutation au sein du droit de la responsabilité administrative, serait donc constituée par ce glissement toujours plus appuyé vers une responsabilité en fonction du risque - dommageable - et à l'avenir peut être - simplement encouru- et non plus par référence à une responsabilité en fonction de la faute.

§.3. Le poids du droit supranational à l'origine de nouvelles mutations de la responsabilité administrative

Comment omettre à présent le fait que les évolutions du droit français de la responsabilité administrative sont également forgées selon l'influence des droits européens, devenus désormais les sources extérieures du droit administratif. Ainsi droit

---

[54] *« eu égard tant à la mission qui leur est confiée par la loi qu'aux risques que présente la fourniture de produits sanguins, les centres de transfusion sont responsables, même en l'absence de faute, des conséquences dommageables de la mauvaise qualité des produits fournis. »* CE, ASS., 26 mai 1995, *Consorts N'Guyen et Jouan*, *Rec.* p.221. AJDA 1995 p.577 et Petites affiches, 31 mai 1996, p.21.

[55] CAA Lyon, 21 décembre 1990, consorts Gomez, *Rec.* 498, AJDA 1991p. 126 et p. 167.

[56] CE, Ass., 9 avril 1993, *Rec* p.127. Petites affiches, 13 juin 1994, p. 15

communautaire et droit issu de la Convention européenne des droits de l'homme, ont impulsé récemment de nouvelles jurisprudences en matière de responsabilité administrative. Elles s'inscrivent pleinement dans le cadre d'un droit indemnitaire et dans la recherche d'un véritable statut légal de la personne à protéger.

A certains égards, le droit communautaire est à l'origine de véritables mutations du régime juridique français de la responsabilité administrative. Il apparaît comme vecteur de règles nouvelles de la responsabilité de l'administration. A titre d'exemple, le cas nouveau de responsabilité de l'État pour manquement à ses obligations communautaires ; la CJCE a ainsi posé dans un arrêt *Francovich* [57] le principe de la responsabilité extra contractuelle de l'État pour dommages causés aux particuliers par des violations du droit communautaire imputable à l'État membre. Le juge administratif a fait écho à cette jurisprudence, en reconnaissant d'abord la responsabilité pour faute de l'État en raison de l'édiction d'un règlement contraire à une directive européenne[58], sans aller toutefois jusqu'à *la responsabilité pour faute de l'État législateur*. Pourtant, la question de la reconnaissance de *la responsabilité pour faute de l'État législateur* s'est posée à nouveau dans l'affaire *Dangeville*[59], (cette fois pour carence/absence de modification d'une loi fiscale) où elle est va être admise implicitement. Cet arrêt ayant été cassé par arrêt d'Assemblée du Conseil d'État pour vice de procédure[60], c'est là une mutation historique, en suspens, mais néanmoins constante,

---

[57] CJCE, *19 novembre 1991, Francovich et Bonifaci, Rec.* 5357 et AJDA 1992 p. 143, note L. Boulouis. On peut noter que les conditions d'engagement d'une telle responsabilité viennent d'être récemment définies:
- l'existence des droits au profit des particuliers, identifiés dans la directive elle-même,
- ces droits étant constitutifs d'un résultat que la directive prescrit de même,
- l'existence d'un lien de causalité entre le dommage et subi et le non-respect de l'obligation.
En outre, le non-respect de l'obligation étatique devra constituer « une violation caractérisée»; sur ce point Cf. CJCE, *8 octobre 1996, Dillenkofer*, AJDA 1997, spéc., p. 344.

[58] CE, *Ass., 28 février 1992, Société Arizona Tobacco products et Philip Morris*, Rec. 78 concl. M. Laroque et AJDA 1992 p. 210 et p. 329.

[59] CAA de Paris, 1er juillet 1992, *Société Jacques Dangeville*, Rec. 558, AJDA 1992. P. 768, note X. Prétot.

[60] CE, Ass., 30 octobre 1996, *ministre du budget c/ SA Jacques Dangeville*, AJDA 1996, p.1045.

avec laquelle le juge administratif devra certainement se familiariser à l'avenir... D'autant plus que pour le juge communautaire, depuis un arrêt *Factortame* [61], l'engagement de la responsabilité de l'État n'est plus nécessairement subordonné à la notion de « faute ». Il s'agit désormais d'une responsabilité objective, en ce sens qu'il suffit de constater la violation caractérisée du droit communautaire par un Etat ; sans avoir à s'interroger sur le fait de savoir si cette dernière est fautive ou non. Il appartient à présent au juge administratif français de trouver une manière de traduire cette solution à l'intérieur de son régime de responsabilité administrative, soit en l'incluant dans le régime de responsabilité pour faute (ainsi par le biais de la responsabilité pour faute de l'État législateur), sans faute, voire pour rupture de l'égalité devant les charges publiques, soit en créant éventuellement un nouveau fondement d'action en responsabilité...

Une autre illustration nous est fournie de l'impulsion communautaire à la base des tendances récentes du droit administratif de la responsabilité : il s'agit du constat que de plus en plus, l'exercice d'une activité non illégale par l'administration peut être de nature à engager sa responsabilité sans faute. Ainsi par exemple, *le principe de confiance légitime* en vigueur à l'origine en droit allemand, luxembourgeois et néerlandais, après avoir été repris par la CJCE, pénètre le droit administratif français ; et s'il n'est pas contesté que l'administration continue de détenir le pouvoir d'abrogation de la norme juridique, celle ci, doit pour l'édiction d'une norme nouvelle, prendre en compte l'intérêt public, mais aussi les intérêts particuliers touchés, en prévoyant des mesures transitoires et/ou d'accompagnement ; sous peine de voir engager sa responsabilité sans faute pour une norme qui ne présente aucun caractère d'illégalité [62]. Quel chemin parcouru eu égard au principe séculaire en faveur duquel nul n'a de droits acquis par rapport à l'administration...

---

[61] Cf. « *La responsabilité de l'Etat saisie par le droit communautaire: la jurisprudence Brasserie du pêcheur, Factortame, British Telecom, Hedley, Lomas*.... AJDA 1996 p. 489. Et J. Dutheil de la rochère, « *le principe de responsabilité de l'Etat pour violation du droit communautaire: une garantie nouvelle des justiciables* ». JCP éd. Ent.1996, I, 604.

[62] Cf. TA Strasbourg, 8 décembre 1994, *entreprise Freymuth c/ ministre de l'environnement*, AJDA 1995 p. 555. Et RFDA 1995, p. 963.

Enfin le mouvement lancinant, que d'aucuns pensent inéluctable, de soumission des services publics au droit de la concurrence, au droit privé est à l'avenir de nature à développer les cas de compétence judiciaire. On peut citer le cas des directives communautaires du 25 juillet 1985 relatives à la sécurité des produits, qui mettent en place un régime de responsabilité pour faute présumée élargissant le domaine actuel de la responsabilité ; en cours de transposition en 1997 devant l'Assemblée nationale, elles sont à même d'influer sur la responsabilité de personnes publiques et sur le régime de certains services publics, mêmes si les plus affectés devraient être les services publics à caractère industriel et commercial. Ces nouveautés apparaissent alors de nature à multiplier les situations où le juge pénal est amené à connaître, éventuellement à sanctionner, des infractions de nature économique impliquant un agent de l'administration et à faire disparaître une part de la responsabilité administrative *en tant que régime original*, par une sorte d'harmonisation/alignement avec les jurisprudences pénales et civiles.

Concernant le droit européen[63], il est indiscutable qu'il s'inscrit comme un droit d'adhésion à l'idée que tout droit doit prioritairement répondre à une fonction sociale ; mais sa capacité à s'inscrire comme catalyseur des mutations indemnitaires à venir dans le droit de la responsabilité administrative est plus discrète, paradoxalement, que celle du doit communautaire.

On rappellera que la méconnaissance par les autorités administratives du droit issu de la CEDH est constitutive d'une illégalité susceptible d'entraîner la responsabilité de la puissance publique pour violation d'une règle de droit supérieure. Ira t-on pour autant dans le sens d'une responsabilité de l'État législateur soit pour édiction d'une loi non conforme à la convention, soit pour carence de l'État, à l'instar du droit communautaire ? L'augmentation croissante de l'invocation de la convention ne s'oppose pas à une telle hypothèse en tout cas.

Plus intéressant dans l'immédiat reste l'examen de certaines interprétations de la Cour européenne des droits de

[63] Issu du bloc de compétences de la convention européenne des droits de l'homme (CEDH) et constitué par le droit positif produit au titre de l'ensemble des organes chargés de mettre en œuvre la convention.

l'homme : celle donnée à propos du droit à un recours juridictionnel effectif [64] impliquant conséquemment le droit d'exercer une action indemnitaire par exemple. Il a pu être jugé que « l'interdiction d'agir en réparation au-delà de la limitation légale de responsabilité contrevenait à l'exigence du droit d'accès effectif et concret à un tribunal [65] ». Ainsi, à l'instar de la jurisprudence administrative française, cette fois, « le droit à un procès équitable crée au profit des administrés un droit à réparation alors même qu'une loi semble instaurer un mécanisme forfaitaire d'indemnisation[66] ». D'ailleurs, en matière de procédures lors de litiges indemnitaires, la France a été souvent condamnée à Strasbourg pour lenteurs procédurales.

L'influence européenne sur la responsabilité administrative agit parfois au niveau du droit substantiel (à titre d'exemple, la création d'une nouvelle situation de responsabilité : le délai déraisonnable pour juger) comme au niveau du droit procédural. Sur ce dernier point, une réforme de la procédure administrative est en cours depuis 1995, sur la base de lois nouvelles ; ainsi la loi du 8 février 1995 instituant un ensemble de mesures telles le référé pré- contractuel, les extensions du juge unique administratif, la possibilité pour le juge administratif d'ordonner des injonctions à l'administration...ou la loi du 6 janvier 1995, loi de programme relative à la justice visant à démultiplier les moyens matériels et humains près la juridiction administrative.

En définitive, on le voit, l'idée d'une fonction sociale de la responsabilité administrative et les idées de socialisations d'abord des dommages mais aussi des risques, trouvent pleinement leur application dans le droit contemporain de la responsabilité, pas seulement administrative mais également civile et pénale. Si elles guident les évolutions de la responsabilité administrative, elles ne sont pas étrangères au remarquable développement du champ de la responsabilité pénale en général, et de *la responsabilité pénale des agents de l'administration en particulier.*

---

[64] C'est là une composante du droit à un procès équitable contenu dans l'article 6 de la CEDH.

[65] Cf. J.F. Flauss, à propos de l'affaire *Bellet c/ France*, 4 décembre 1995, AJDA 1996, p.382.

[66] Cf. Ch. Debouy, op. cit. p.344.

Ce phénomène nouveau où l'on recherche désormais sans réticence, la responsabilité pénale des fonctionnaires, des élus et largement entendu, de « l'agent public » ne manque pas de susciter des interrogations. Il nous faut voir quelle place fût et est encore faite à cette question de la responsabilité des agents publics à l'intérieur de ce « bloc juridique » que constitue le droit de la responsabilité administrative.

Chapitre II.

La place faite à la responsabilité pénale des agents de l'administration dans le droit de la responsabilité administrative

Le droit administratif prévoit de longue date la possibilité « d'attraire la responsabilité d'un agent de l'administration devant le juge pénal ». Les mutations à la base de cette responsabilité pénale des agents de l'administration sont posées autour des années 1870 ; le régime juridique de la responsabilité pénale des agents va se construire, dans cette continuité, pendant la toute première partie de ce siècle. Il n'a quasiment pas évolué depuis. Ainsi, peut-on dire que la responsabilité pénale des agents de l'administration, en tant que *théorie juridique*, et non en tant que *phénomène contemporain*, se présente comme une constante historique et juridique remarquable (Section I). Aussi surprenant que cela puisse paraître, au milieu d'un droit administratif en bouleversements et des mutations continues de la responsabilité administrative, le régime juridique de la responsabilité pénale des agents semble, lui, pétrifié. Peut-être parce que, longtemps, le droit administratif de la responsabilité, n'a voulu laisser à cette question de *la responsabilité pénale des agents de l'administration*, qu'une place marginale. Ainsi, recouvrant souvent des hypothèses marginales de faute personnelle d'un agent de l'administration, *la question de la responsabilité pénale et les interrogations qui l'accompagnent*, furent rejetées, de fait, à l'extrême frontière du régime de la responsabilité administrative ; voire pour certains, *à l'extérieur* du domaine de la responsabilité administrative, en voyant dans l'étude de cette question, bien plus un aspect particulier de droit pénal qu'une recherche de droit administratif.

La situation se présente bien différemment depuis quelques années ; *la responsabilité pénale des agents de l'administration* se trouve désormais *au centre* d'un débat qui concerne au premier chef, « l'ordre administratif ». Débat qui met en scène, face à face, l'éternel régime « administratif » de responsabilité pénale des agents publics, face à un ensemble de mutations contemporaines des pratiques sociales et juridiques (Section II).

Section I.

La responsabilité pénale des agents de l'administration en tant que constante historique

Si l'on excepte la mutation historique du statut d'irresponsabilité des élus et fonctionnaires à leur soumission au droit commun pour les faits qualifiés d'infraction pénale, la responsabilité pénale des agents de l'administration donne à voir un régime étonnamment statique.

§. 1. La mutation originelle : de l'irresponsabilité à la responsabilité des élus et fonctionnaires

Le droit administratif prévoit de longue date la possibilité « d'attraire la responsabilité d'un agent de l'administration devant le juge pénal ». Historiquement [67], les lois des 16 et 24 août 1790 et le décret du 16 fructidor an III, disposaient « les juges, ne pourront à peine de forfaiture, troubler de quelque manière que ce soit, les opérations des corps administratifs, ni citer devant eux les administrateurs en raison de leur fonction... ». Ces lois instituant deux ordres de juridiction, l'ordre administratif et l'ordre judiciaire, vont conduire à isoler d'un côté le régime de la responsabilité administrative et de l'autre, les responsabilités civile et pénale. Par la suite, la constitution du 22 frimaire an VIII, en son article 75, va permettre que les agents du gouvernement, à l'exception des ministres, puissent être poursuivis pour des faits relatifs à leurs fonctions devant des tribunaux ordinaires. Cette possibilité, cependant subordonnée à une autorisation préalable du Conseil d'État pour engager des poursuites pénales, instituait un

---

[67] On pourra sur cette question se reporter à l'article de Nassira Belkacemi, « *La pénalisation du droit public: mythe ou réalité ? (La responsabilité pénale des élus)* », Ronéo, Montpellier, 1998.

véritable « système de garantie des fonctionnaires ». Finalement de facto, une sorte d'irresponsabilité des agents et élus de l'administration était organisée. La nécessité d'une autorisation préalable du Conseil d'État fut cependant abrogée par un décret en date du 19 septembre 1870. Ainsi, particulièrement à partir de cette date, mais aussi dans le droit précédent, l'observateur du droit constate que depuis longtemps[68] agents publics et élus étaient en situation être soumis à une éventuelle poursuite pénale comme tout un chacun qui commettrait des faits constitutifs d'une infraction pénale. Mais pour des faits de quelle nature ? A l'époque étaient visés des faits constitutifs d'une faute dite « personnelle » (détachable du service) et non d'une faute dite « de service » [69].
C'est seulement en 1935, qu'un arrêt Thépaz met fin à cette relation quasi automatique établie entre la faute personnelle de l'agent et sa responsabilité pénale. Aujourd'hui encore ce sont les principes de la jurisprudence Thépaz qui fondent le droit positif. On peut parler en ce qui concerne le « sort » fait à la responsabilité pénale des agents de l'administration, d'un régime juridique étonnamment statique.

§. 2. Un régime juridique étonnamment statique

La pérennité de la théorie juridique de la responsabilité pénale des agents publics à de quoi surprendre alors que le droit administratif est en perpétuelle évolution. Pour autant, au-delà de l'orthodoxie des règles juridiques, la relation responsabilité pénale/responsabilité administrative reste difficile.

---

[68] En ce sens le phénomène n'est pas exclusif de l'époque contemporaine.

[69] Cf. les définitions des fautes personnelle et de service données respectivement dans deux arrêts du tribunal des conflits:
-« *La faute personnelle est conçue comme celle qui se détache assez complètement du service pour que le juge judiciaire puisse en faire la constatation sans porter pour autant une appréciation sur la marche du service.* » TC, 5 mai 1877, *Laumonnier-Carriol, Rec Lebon* 1877, p. 437 concl. Laferrière.
- « *La faute de service, en revanche, est le fait de l'agent qui est tellement lié au service que son appréciation par le juge judiciaire implique nécessairement une appréciation sur le fonctionnement du service* ».TC, 30 juillet 1873, *Pelletier*, Grands Arrêts de la Jurisprudence Administrative (GAJA), n°2.

A. L'orthodoxie des grandes règles juridiques

Il s'avère utile de rappeler sommairement à cette place l'état du droit positif initié par la jurisprudence Thépaz : toute faute constitutive d'une infraction pénale, permet la mise en jeu de la responsabilité pénale de l'agent de l'administration devant le juge pénal, soit que cette faute présente le caractère d'une faute personnelle de l'agent (cas de figure le plus simple et le plus ancien), soit qu'elle présente le caractère d'une faute de service. Mais quand bien même, la faute de l'agent de l'administration serait une faute de service, la responsabilité pénale de l'administration, elle, n'a pas à être engagée.
Pour plus de précision, on retiendra que lorsque la faute pénale de l'agent est aussi une faute de service, le cumul des fautes[70], ouvre à la victime le droit d'option suivant : poursuivre l'agent devant le juge judiciaire ou poursuivre l'administration devant le juge administratif ; et la répartition finale des responsabilités entre co-auteurs incombe alors au juge administratif.
Lorsque la faute pénale de l'agent « n'est pas dépourvue de lien avec le service », selon la formule consacrée [71], il y a cette fois cumul des responsabilités. La victime est titulaire d'un droit d'option : poursuivre l'agent. ou poursuivre l'administration en escomptant une meilleure solvabilité.

Pour ne dire qu'un mot quant à la responsabilité civile, on retiendra :
- qu'en cas de faute personnelle (détachable du service) d'un agent ou d'un élu par exemple, sa responsabilité civile va être retenue ; le juge répressif déjà compétent pour connaître de l'action publique dirigée contre cet agent, donc de son éventuelle responsabilité pénale, pourra connaître aussi de sa responsabilité civile.
- Qu'en cas de faute de service de l'agent (constitutive également d'une infraction pénale, on le rappelle), le juge pénal n'a au contraire pas compétence pour connaître, ni de l'action civile dirigée contre l'agent ayant commis la faute de service, ni pour le

---

[70] Cf. CE, 3 février 1911, *Anguet*. Leb. P. 146. S. 1911, 3, p. 137.note Hauriou.
[71] Cf. CE, Ass., 18 novembre 1943, *Mimeur, Defaux, Besthelsemer* (trois arrêts) *Rec*.p.492. GAJA. op. cit. n° 82.

cas où l'administration est civilement responsable de son agent. Ici il y a responsabilité (« civile ») de l'administration pour fonctionnement défectueux du service par exemple, et cette responsabilité « civile » de l'administration relève de la compétence du juge administratif (et du régime juridique de la responsabilité administrative).

On le voit, depuis longtemps l'orthodoxie juridique a fixé des règles et le droit administratif permet de rechercher la responsabilité d'un agent public devant le juge pénal. La relation entre les deux régimes de responsabilité n'est cependant ni aisée, ni spontanée.

B. La relation Responsabilité administrative - Responsabilité pénale : une relation presque contre nature

Il est révélateur de constater que jusqu'à une période très récente, (ces dernières années spécifiquement), la mise en relation entre cette sorte de « domaine réservé » qu'était la responsabilité administrative et le problème de l'infraction pénale d'un agent n'avait que peu lieu d'être en pratique et dans les débats. En effet, la plupart du temps, les infractions pénales les plus graves, celles témoignant d'une intention de nuire où constitutives de délits volontaires (agissements criminels, brutalités, vols...par exemple) étaient assimilées à une faute strictement personnelle de l'agent ; la gravité de tels actes étant logiquement et par nature, forcément étrangère et antinomique avec le service public. Par ailleurs, cette hypothèse de faute personnelle d'un agent, constitutive d'une infraction pénale ne posait pas d'interrogations juridiques particulières : l'agent supportant seul les conséquences pénales et financières de ses actes.

Pour que la responsabilité pénale de l'agent, côtoyât le régime de la responsabilité administrative, il fallait que soit intervenu un acte pénalement répréhensible d'un agent public, agissant dans l'exercice de ses fonctions ou grâce à des moyens mis à sa disposition par le service ; il fallait que l'acte pénalement répréhensible présente un lien avec le service, voire, qu'il constitue aussi une faute de service. Un cas extrême est fourni par « l'affaire du tueur de l'Oise[72] », où « le service n'a pas simplement de lien avec le délit, mais en devient l'élément pivot et incontournable ; dès lors, il (le service) ne peut être considéré comme étranger à l'affaire et dégagé de toute responsabilité [73] ». Pour des cas plus ordinaires de délits commis par des « personnes dépositaires de l'autorité publique ou chargées d'une mission de service publique », où on aurait pu s'attendre à ce que soit relevée une faute de service du fait du lien avec le service, ces délits tombent au contraire sous le coup de la faute personnelle. Il en est ainsi de certains délits plus facilement commis par les fonctionnaires (à titre d'exemple parmi d'autres, délit d'abus d'autorité, d'atteinte à l'inviolabilité des correspondances ou du domicile…) ou par les élus (cf. le manquement au devoir de probité entendu largement : prise illégale d'intérêt, soustraction ou détournement de biens, parmi d'autres…). Il est vrai que l'on voit mal comment ce type de délits, apparaissant personnels presque par nature, pourrait être appréhendé autrement que par référence à la notion de faute personnelle.

Pour autant, il existe plusieurs cas de figure où le régime de responsabilité pénale se mêle nécessairement au régime de la responsabilité administrative ; ce qui ne va pas sans complexifier le système [74]. On reprendra ces quelques cas cités par le doyen Jean Viret. Ainsi en cas de délits d'imprudence, ou face à des délits volontaires qui par leur nature interdisent à l'administration de dégager sa responsabilité (délit de concussion quand le fonctionnaire ne poursuit pas un intérêt personnel, ou cas de la théorie du fonctionnaire de fait). C'est également le cas si la faute personnelle pénalement sanctionnable n'est pas exclusive de toute faute de service ; dit autrement, si la faute personnelle ne se détache pas du service, le juge pénal saisi accessoirement à l'action publique d'une poursuite civile, doit se déclarer incompétent [75] au

---

[72] CE, 18 novembre 1988, *Epx. Raszewski, Rec.* p. 416. JCP 1989, 21211, note B. Pacteau.

[73] Cf. Jean Viret, « *La responsabilité de l'administration et de ses agents à l'épreuve du droit pénal contemporain* », AJDA 20 novembre 1995, pp.764.

[74] Dans le domaine de la responsabilité comme dans d'autres, le justiciable est toujours à la recherche de son juge !

[75] Sauf exceptions notables, comme celle issue de la loi du 31 décembre 1957 instituant compétence judiciaire lorsqu'un dommage est intervenu lors d'un accident causé par un

profit de la juridiction administrative détentrice de la compétence de principe[76]. La victime dispose alors d'une action, non contre l'agent mais contre la personne publique à charge pour cette dernière d'exercer une action récursoire contre son agent.

Il n'est pas toujours possible à l'un des deux grands régimes de responsabilité d'éviter l'autre et réciproquement. Les titans se heurtent lorsqu'ils ne peuvent se fuir...

Mais au-delà de la technique juridique pure qui répartit « objectivement » les différentes responsabilités en fonction de la nature de la faute, il est possible d'expliquer que la sphère administrative se soit depuis toujours tenue assez éloignée des interrogations liées à la faute pénale : anciennement pour l'opinion et toujours pour l'administration, « il y a une sorte de réticence à admettre qu'un fonctionnaire puisse être pénalement poursuivi... » pour des actes commis, (à l'extérieur et) surtout à l'intérieur de ses fonctions. D'aucuns rappellent à cet égard que « toute notre culture administrative s'oppose à cette idée qu'un fonctionnaire puisse être déferré devant des tribunaux répressifs pour des décisions présumées prises dans l'intérêt général ». Ce sont peut- être ces réticences traditionnelles qui expliquent le caractère tardif de la mise en œuvre des poursuites contre des fonctionnaires et les nombreuses années nécessaires à la mise en branle d'affaires « administrativo-judiciaires » ; en la matière, l'affaire du sang contaminé comme l'affaire Maurice Papon fournissent une bonne illustration.

Aujourd'hui la question de la responsabilité pénale des agents de l'administration, déborde la place qui lui fut assignée

---

véhicule de l'administration, utilisé pour le fonctionnement d'un service public administratif ou pour l'exécution de travaux publics.

[76] « Encore faut- il noter que la compétence de principe de la juridiction administrative n'implique pas l'irrecevabilité de l'action civile contre le fonctionnaire poursuivi pour un délit pénal. Il est aujourd'hui admis que l'action civile peut tendre à d'autres fins que la réparation. La Cour de cassation considère que la victime peut se constituer devant le juge répressif « dans le seul souci de corroborer l'action publique et d'obtenir que soit obtenue la culpabilité du prévenu » (Cf. Cass. Crim., 8 juin 1971, D. 1971, p.594.) Il reste que l'action civile peut aussi avoir pour finalité principale d'obtenir du juge pénal qu'il se prononce sur la réparation du préjudice subi, d'où un risque évident de conflit positif. Dans cette hypothèse, le conflit peut être élevé, mais exclusivement sur les implications civiles du litige. (Cf. TC, 2 juillet 1979, *Angelasto, Rec.* P.573). In Jean Viret, « *La responsabilité de l'administration et de ses agents à l'épreuve du droit pénal contemporain* », op. cit. p. 771.

dans le droit de la responsabilité administrative ; elle se trouve au centre du débat. Débat inévitable, car si du côté administratif, le régime juridique de la responsabilité pénale des agents de l'administration semble pétrifié, d'autres mutations sont en cours, des mutations contemporaines des pratiques sociales et juridiques, - celles des victimes et celles des parquets -, qui n'affectent, certes pas directement le régime juridique administratif « séculaire » de la responsabilité pénale des agents publics, mais qui se réalisent à très grande vitesse..

Section II.

La mutation contemporaine des pratiques sociales et juridiques. Celles des victimes et celles des parquets

Alors que les règles concernant la responsabilité des agents publics n'ont pas changé, les pratiques juridiques et sociales des parquets mais surtout des citoyens créent une nouvelle donne. La sphère administrative est depuis, bon gré, mal gré, confrontée à un phénomène de banalisation des poursuites pénales à l'encontre de ses agents publics. Ces derniers sont exposés à la fois au plan quantitatif, à une multiplication des mises en examen et procédures, diligentées à leurs égards (pour homicide et blessures involontaires entre autres), et au plan qualitatif, globalement, à une sévérité accrue du législateur : particulièrement avec l'élargissement à l'intérieur du nouveau code pénal (NCP)[77] de l'assiette des incriminations susceptibles de leur être appliquées. Aussi l'élargissement des incriminations par le législateur, doublé par un besoin presque impérieux pour les victimes de recourir à la justice et surtout à la justice pénale, amène un double constat : celui désormais d'une réelle mise en œuvre du droit pénal, et celui de l'utilisation nouvelle du droit pénal comme instrument de modélisation des angoisses sociétales actuelles.

§. 1. La mise en œuvre effective du droit pénal

La disparition progressive d'une pratique jurisprudentielle qui limitait en pratique, les possibilités d'engagement de la responsabilité pénale des agents publics a favorisé l'émergence de la victime comme nouvel acteur au procès pénal en responsabilité d'un agent public.

---

[77] Entré en vigueur le 1er mars 1994.

A. Une pratique jurisprudentielle en berne : la limitation de la responsabilité pénale

Parler désormais de mise en œuvre effective du droit pénal revient à mettre l'accent sur une évolution de la pratique jurisprudentielle puisque le citoyen, la victime, usent désormais d'une possibilité, le recours au juge pénal contre un agent public qu'ils avaient déjà mais qu'ils n'utilisaient guère. Ce phénomène trouve explication.

Il est reconnu et on a pu montrer (cf. supra), qu'en doctrine, la faute personnelle était la « faute royale » pour conduire à la responsabilité d'un agent public. Il faut relever cependant que la pratique jurisprudentielle a favorisé la quasi-disparition de la faute personnelle (au profit de la faute de service ou non dépourvue de lien avec le service), et corrélativement gelé le développement des cas de responsabilité pénale de ses agents. Et ce d'une manière simple : la responsabilité pénale de l'agent s'engageait sur faute personnelle, notion qui renvoyait, en pratique, à des cas de délits intentionnels, rares et parfois sensationnels... Mais la plupart du temps, les agissements d'un agent public, s'ils n'étaient pas trop voyants et flagrants de gravité, entraient dans le cadre de « la faute de l'administration » ; et on occultait la possibilité qu'une faute personnelle ait pu exister. Cela évitait de s'interroger sur le fait de savoir si la faute personnelle allait constituer une faute pénale ou pas. Conséquemment, la responsabilité de l'élu se voyait rarement engagée ; et ses responsabilités pénale et civile ont été le plus souvent occultées.

Ceci a ancré puis a favorisé le développement du droit de la responsabilité administrative comme droit de l'indemnisation, mais n'a pas favorisé dans les mentalités la recherche de l'auteur individuel de l'acte dommageable et l'imputation personnelle d'une faute et d'une responsabilité. Il n'est pas surprenant alors que la victime n'ait que rarement usé de la prérogative qui lui était reconnue d'attraire un fonctionnaire où un élu devant le juge pénal. Elle faisait en priorité le choix de porter l'affaire devant le juge administratif, « puisque l'indemnisation était obtenue sous couvert de la responsabilité de l'administration ». Cette dernière, « bonne mère », a fourni en son sein bien des occasions de dilution de responsabilité individuelle…

Aujourd'hui, ce vide laissé par la désuétude passée de la faute personnelle, de la responsabilité pénale et individuelle d'un agent public, a été comblé. L'époque est révolue où pour ainsi dire, la qualification des comportements des agents appartenait tout entière aux juges administratifs, et où l'action pénale était réservée aux magistrats : désormais, le citoyen jouit d'un meilleur accès à la justice, il est maître de ses choix. Ainsi l'action pénale lui est plus facilement ouverte du fait de la codification, et du fait de ce que d'aucuns appellent « la collectivisation de l'action publique » : le pouvoir d'engager l'action publique n'est plus seulement l'apanage du Ministère public, mais il appartient pour partie aux individus qui cherchent des responsables.

B. L'émergence de la victime comme nouvel acteur au procès pénal en responsabilité d'un agent public

Le pouvoir d'accuser appartient au Ministère public, représentant de l'État. Lorsque le Ministère public requiert une sanction pour une infraction, celle ci se justifie par la violation de la loi et de l'ordre public établi par l'État. La condamnation intervient d'abord pour sanctionner une atteinte à l'autorité de l'État et le préjudice subi par la société. La victime n'occupe en fait qu'une place subsidiaire[78]. Lorsque c'est l'État qui transgresse peu ou prou la règle posée, par l'intermédiaire de ses fonctionnaires, ses élus et hommes politiques, il est mis en cause dans des affaires portées à la connaissance du public. Cette vulnérabilité nouvelle de l'État défaillant et de ses agents publics a permis à la victime de reprendre une place d'acteur à l'intérieur du procès pénal. Les victimes ne sont plus toujours isolées ; par le biais du regroupement en association, elles n'hésitent plus à porter plainte au pénal. D'aucuns recoupent ce phénomène sous la dénomination de « collectivisation de l'action publique »[79].

---

[78] Voir sur le développement de cette idée, l'article de Nassira Belkacemi, « *La pénalisation du droit public: mythe ou réalité ? (La responsabilité pénale des élus)* », op. cit. p.13 .
[79] Ibidem, p.4.

§. 2. L'utilisation nouvelle de la responsabilité pénale comme modélisation des angoisses sociétales

S'il fallait retenir une seule clef d'approche, pour tenter de comprendre la montée en puissance de la responsabilité pénale des agents et avec elle, celle du juge pénal, ce pourrait être celle ci : la responsabilité pénale trouve désormais sa place « comme élément de régulation des relations publiques »[80]. A ce titre, il semble bien qu'elle s'inscrive dans le débat démocratique carencé et puisse servir de baromètre à nos dirigeants. C'est là pour ainsi dire, une nouvelle manière de faire connaître aux gouvernants, l'état d'esprit de la société civile et les angoisses qui la traversent. L'article de madame Jeannine Hermann ne peut rapporter plus clairement cette idée : « (la justice pénale) est devenue la manière la plus accessible de traduire sa détresse, ses angoisses, ses inquiétudes, son scepticisme ou son incrédulité [81] ». Dans cette perspective, trois aspects méritent d'être relevés comme constitutifs de mutations des mentalités sociales : d'abord l'aspiration à de nouvelles avancées vers, et au delà, de cette phase bien entamée de la socialisation du risque, ensuite la recherche des responsables, et enfin le nouveau visage du procès pénal où le recours au juge pénal sert de palliatif au sentiment d'une responsabilité morale décadente, l'absence de responsabilité politique effective ne constituant qu'un des aspects de cette disparition ressentie de la responsabilité morale.

A. L'aspiration à franchir un nouveau pas dans le sens de la socialisation des risques

Au titre des éléments de nature psychologique et sociétal, ce qui frappe le plus s'avère être le refus de la fatalité et l'hostilité nouvelle par rapport au risque dans nos sociétés contemporaines. Effectivement, « dans un système où les activités humaines sont de

---

[80]Nassira Belkacemi, « *La pénalisation du droit public: mythe ou réalité ? (La responsabilité pénale des élus)* », op. cit. p.13.

[81] Propos du procureur général près la Cour de Cassation, J.- F. Burgelin, lors de ses conclusions à propos de l'affaire du sang contaminé, rapportés par Jeannine Hermann, dans son article « *Le juge pénal, juge ordinaire de l'administration ?* », Dalloz 1998, 19è cahier, pp. 195- 202.

moins en moins laissées à la libre initiative de chacun, toute catastrophe apparaît peu ou prou imputable à l'État, sinon dans ses origines, du moins dans ses conséquences ». Pour autant, l'analyse des transformations de l'État [82] n'a pas révélé que ce dernier ait pu répondre à ces nouvelles aspirations sociétales au-delà de ce qu'il a pu garantir en tant qu'« Etat Providence » ; un élément est en tout état de cause à porter au crédit de cet Etat Providence, celui d'avoir rechercher la gestion des situations préjudiciables, en instaurant un vaste régime d'indemnisation et d'assurance. Cependant, à bien des égards, l'État n'apparaît plus en mesure de remplir pleinement certaines fonctions, comme la fonction sécuritaire par exemple, dans un contexte de catastrophes naturelles, technologiques et scientifiques, médicales...

Or « l'État » bénéficiant de l'immunité pénale, c'est là un objet de frustration, qui conduit les victimes à rechercher de plus en plus systématiquement la responsabilité des agents publics ; et moins leur responsabilité administrative que leur responsabilité pénale. La première phase de cette socialisation des risques vers laquelle René Savatier en 1931 suggérait de se diriger, est aujourd'hui accomplie et se réalise entre autre par le biais de la responsabilité administrative qui assume et assure l'indemnisation. Une deuxième phase est inconsciemment souhaitée et transférée comme nouvelle office du juge pénal, c'est l'éradication du risque...

B. La recherche des responsables

La lecture des statistiques judiciaires comme l'analyse des procès récents en responsabilité pénale des agents publics donne à voir deux aspects inédits de cette nouvelle recherche des responsables.

En premier lieu, il semble bien que victimes et juges ne soient plus gênés par l'idée de l'existence d'une culpabilité non intentionnelle, alors qu'auparavant la notion de responsabilité était

---

[82] Cf. F. .Ewald, « *L'Etat Providence* ». Grasset 1986.

fortement chevillée à la notion de délinquance[83]. En témoigne l'inflation des mises en examen pour des délits non intentionnels [84] des fonctionnaires et des élus. Le droit pénal connaît en effet la faute intentionnelle ou dol, qui est accomplie en pleine connaissance de cause[85]. Mais il sanctionne d'autres comportements sur le fondement d'un autre type de faute, la faute d'imprudence ou de négligence[86]. La faute d'imprudence ou de négligence est une faute définie négativement le plus souvent, elle consiste en une inaction ou une abstention, voire dans l'insuffisance de précautions nécessaires pour éviter la survenance d'un dommage. En pratique, imprudence ou négligence recouvrent un ensemble d'infractions que l'on qualifiera imparfaitement d'infractions liées au manque de précaution. Le nouveau code pénal a sûrement contribué à ce mouvement, il l'accompagne en tout état de cause. De même, la nature spécifique de certains dommages - par référence à leur caractère de catastrophe où par référence au nombre de victimes et à la pression médiatique -, plus encore qu'un accident individuel, a constitué un facteur aggravant de la recherche de la responsabilité pénale des agents et élus locaux.

C'est en second lieu, un élément particulier : l'appartenance des nouveaux responsables présumés, qui génère

---

[83] Il n'en va pas de même en Doctrine Pour un retour à une culpabilité et une responsabilité pénale intentionnelle et une limitation de la criminalisation de la responsabilité des gouvernants au profit d'une responsabilité politique, Cf. Olivier Beaud, et dans une certaine mesure, les réquisitions du procureur général Burgelin prés la Cour de justice de la République, rapportées par le même auteur in « *La Cour de justice de la République est-elle vraiment compétente pour juger les ministres dans l'affaire du sang contaminé* ? », Dalloz 1999, op. cit.

[84] Pour un cas d'espèce récent , la dernière mise en examen devant la Cour de justice de la république de trois anciens membres de gouvernements pour délit non intentionnel commis dans l'exercice de fonctions, suivie de la seule condamnation le 9 mars 1999 du secrétaire d'Etat à la santé, Edmond Hervé, pour atteinte involontaire à l'intégrité des personnes et homicide involontaire, par imprudence, négligence et manquement à une obligation de sécurité ou de prudence imposée par le code de la santé publique. En l'espèce ayant été retenus à sa charge « un défaut dans les mesures d'accompagnement du dépistage » (le secrétaire d'Etat à la santé aurait dû ordonner le dépistage des stocks ou la destruction des produits sanguins collectés avant le 1er août 1985 - date d'entrée en vigueur du dépistage- dans le cas d'une première victime, ainsi que « le non rappel des transfusés » dans le cas d'une deuxième victime décédée.

[85] - ainsi l'article 121-3 NCP dispose: « *Il n'y a point de crime ou de délit sans intention de le commettre* ».

[86]- « *toutefois lorsque la loi le prévoit, il y a délit d'imprudence, de négligence, (ou de mise en danger délibérée de la personne d'autrui)* ». 121-3 NCP suite.

des interrogations. Si l'on s'attache à examiner les procès récents de catastrophe, on remarque que les personnes mises en examen par les magistrats appartiennent à différents groupes, qui constituent le vivier des responsables potentiels ; le nombre des groupes est restreint et néanmoins constant à quelques variantes près [87] : « les exploitants », « les hommes de l'art », et « les institutionnels ». C'est pour cette dernière catégorie que la formule « pouvoirs et responsabilités corrélatives sont aujourd'hui indissociables » se vérifie le plus. Parmi les institutionnels, les élus locaux entrent de plein pied dans la catégorie des responsables potentiels en contrepartie des fonctions exécutives qu'ils assument[88], et pour les maires, des pouvoirs de police générale et spéciale qu'ils détiennent [89]... Ils restent peut-être les plus visés par une opinion publique qui n'admet plus la fatalité ; a fortiori quand un événement dommageable accède au rang de catastrophe, celle ci réclame un bouc émissaire ; « dans les communes il est tout trouvé : c'est le maire dont le visage est familier, sur lequel pèse l'obligation de pourvoir à la sécurité de ses concitoyens [90] ». En guise d'illustrations, relevons quelques exemples parmi d'autres de situations que le maire à l'obligation de prévenir par des « précautions convenables » : en vertu de son pouvoir de police générale - *avalanches, inondations, incendies, ruptures de digues, éboulements et autres accidents naturels, maladies épidémiques et contagieuses* [91], en vertu de son pouvoir de police spéciale - *police*

---

[87] A titre d'exemple, le *tribunal correctionnel de Rennes*, dans l'affaire de l'incendie de la clinique de Bruz mentionne sous l'intitulé « recherche des responsabilités » quatre groupes: *les exploitants, les hommes de l'art, les maires, les sapeurs pompiers-prévisionnistes*. Cf. Tribunal correctionnel de Rennes, 30 septembre 1996: Doc, GED, CERDACC, IUT département CJ, place du 2 février 68000 Colmar.
Le tribunal correctionnel de Toulouse, dans l'affaire de l'incendie des thermes de Barbotan en date du 21 juin 1991, retient cinq groupes de responsables potentiels dont le dernier constitué par « les administratifs » visant le maire et le préfet. Cf. Tribunal correctionnel de Toulouse, 17/02/97, Gazette du Palais, 28 juin 1997, p. 16, note R. Riera.
Ces exemple sont tirés de l'article de M.P. Steinle-Feuerbach, « *La responsabilité pénale des mairies en cas de catastrophe (au regard des procès de BRUZ et de BARBOTAN) ou la fausse nouveauté de la loi n° 96-393 du 13 mai 1996* ». J.C.P., Ed ; G. n° 43, 4057, p.437.
[88] Maire, adjoint au maire délégué, et conseil municipal délégué...
[89] Cf. le *C. gen. Collect. Terr.*, art.L.2122-24 et L. 2212-1 et s. et anciens art. *C. communes:* L.122-22 et L.131.1et s. recodifiés par la loi L. n° 96-142, 21 février 1996.
[90] J. Cl. Maestre, « *La loi du 18 juillet 1974 relative à la mise en cause pénale des maires et le problème général de la responsabilité des maires* ». AJDA 1975 p. 214.
[91] Cf. art. *L.* 2212-2-5°du *C. gen. Collect. Terr.*

des édifices recevant du public, avec protection contre les risques d'incendie et organisation des contrôles à effectuer par les commissions de sécurité...

Alors, parmi ces mutations dans les pratiques et les mentalités, le juge pénal semble investi de nouvelles fonctions, au sein d'un procès pénal qui présente un nouveau visage.

C. Du buste de marbre au Janus : le nouveau visage du procès pénal

Le visage que donne à voir le procès en responsabilité pénale présente une double figure : l'une renvoie l'image d'un juge pénal qui apparaît comme une sorte de palliatif à une responsabilité morale décadente, l'autre renvoie l'image d'un juge pénal palliatif au décalage entre le juge administratif et les administrés.

1. Le juge pénal comme palliatif à une responsabilité morale décadente

Il n'est pas exclu que la recherche nouvelle de la responsabilité pénale soit l'expression d'un palliatif. Celui d'une société traversée par le sentiment de la disparition de la responsabilité morale générale, qu'il s'agisse d'une responsabilité sociale, professionnelle ou même politique. Après tout, l'inflation normative des textes juridiques instituant des centaines de cas de responsabilité juridique n'est-elle pas la manifestation criante de l'absence de responsabilité spontanée. Il semble que ce sont les défaillances, voire la disparition de la responsabilité politique[92], qui sont ressenties avec plus de prégnance encore. On est d'ailleurs en droit de se demander dans quelle mesure, à l'exception de la faute d'imprudence ou de négligence caractérisée, l'opinion, derrière la victime, ne poursuit pas plus volontiers devant le juge pénal, la faute du fonctionnaire ou de l'élu local qui présente un caractère politique. La faute politique étant perçue comme l'expression d'un

---

[92] Sur cette question de la responsabilité politique, on consultera avec profit l'ouvrage du professeur Philippe Ségur, « *La responsabilité politique* » Que sais-je ? n° 3294, PUF 1998.

mauvais choix politique, voire comme une absence de probité caractérisée.

Pour l'élu ou le fonctionnaire, l'issue finale du procès peut présenter une importance subsidiaire, puisque la véritable sanction n'est pas tant le jugement rendu, mais la mise en accusation voire la simple mise en examen. Pour l'opinion et les victimes, la plainte au pénal (au procureur) suivie de la mise en examen espérée, par un juge d'instruction, leur permet en effet de voir imputer un fait délictueux à un agent public. Elles franchissent ainsi le premier pas vers le procès pénal et l'établissement public d'une « vérité légale[93] ». En définitive, en effet, l'engouement des victimes pour la responsabilité pénale s'explique d'abord par le besoin de comprendre ; or l'instruction pénale répond à ce besoin bien plus que l'instruction administrative (cf. Infra). Ces mêmes victimes sont animées ensuite par le besoin légitime de voir infliger une punition ; la condamnation pénale répond à cette attente. On prend ici la mesure qu'à bien des égards, la réparation financière du dommage, le droit administratif réparateur ne suffit plus. La victime s'attache désormais à obtenir, en sus, l'authentification du dommage subi, par la retenue d'une faute pénale, puis, la répression de cette infraction pénale avec toutes les éventuelles conséquences publiques et infamantes qui l'accompagnent... souvent...

2. Le juge pénal comme palliatif au décalage juge administratif – administrés

Au titre des explications de la montée en puissance du juge pénal, et face à la multiplication des occasions, où celui ci est mis en situation de se prononcer sur les activités préjudiciables d'un agent de l'administration, on est en mesure de se demander si le recours au juge pénal ne trouve pas une explication dans une certaine incapacité du juge administratif et si oui laquelle ou lesquelles ?

Il semble que l'incapacité à souligner alors, c'est bien moins l'incapacité à assurer la réparation et « à concevoir le corps social

[93] Nassira Belkacemi, op. cit. p.19.

comme *débiteur général* des réparations individuelles » comme le suggérait Savatier, les mutations du droit de la responsabilité administrative en témoignent (cf. Supra : indemnisations plus importantes, indexations des rentes, mutation des fondements de l'action en responsabilité contre l'administration... développement de l'idée de la solidarité dans l'indemnisation par prélèvements fiscaux, salariaux, allégement de procédure dans le procès du contentieux administratif de la responsabilité...) qu'une sorte d'incapacité, sinon de lenteur de la juridiction administrative, à concevoir ce même corps social, cette fois, comme *créancier général* de droits nouveaux : le droit au respect par l'administration lors de l'exercice d'activités administrative de service public ou de fonction publique, d'obligations élémentaires de sécurité, de probité ; obligations auxquelles l'administré, l'usager, voire à l'avenir peut-être « le client », peut légitimement prétendre eu égard aux avancées scientifiques, au niveau du développement, au degré de complexité et d'efficacité de l'action administrative et affirmé de manière quelque peu terre à terre, tout simplement, eu égard au niveau de prospérité de l'État français.

Aussi, à bien des égards, l'impression demeure que l'on se trouve avec le droit administratif de la responsabilité, face à un droit qui apparaît tel un droit de l'indemnisation, et tout montre qu'on n'y a recours dans ce but. A contrario, la figure du juge pénal jugeant l'administration et les agents qui lui sont substitués, se présente comme une sorte d'allégorie : celle de la sanction publique. Elle marque la reconnaissance de la société comme *créancier* de la moralité publique, de la prévention, et de la réparation si un dommage est survenu où même s'il aurait pu survenir.

TITRE II.

LE DEVELOPPEMENT DU JUGE PENAL, DANS SA FONCTION DE JUGE DE LA RESPONSABILITE PENALE DES AGENTS ET PERSONNES MORALES DE L'ADMINISTRATION

A l'intérieur de cette tendance générale qu'il faut bien qualifier de montée en puissance d'une juridiction et de son juge, le juge pénal, un aspect particulier est et a été souligné : il s'agit de l'inscription, en apparence durable dans le paysage institutionnel, du juge pénal comme juge de la responsabilité pénale des élus et agents publics. Il faut croire que ce phénomène, certes en rupture avec les pratiques jurisprudentielles antérieures, a fait l'effet d'un raz de marée, sinon d'un bouleversement considérable, pour que des auteurs et non les moins connus parlent désormais « d'*une pénalisation du droit public* »...! Qu'ils nous pardonnent, à cette place, de douter du bien fondé d'une telle expression, qui, si elle traduit parfaitement l'émoi juridique que peut susciter l'intrusion de « l'œil pénal » sous le toit de l'administration, n'est pas de nature à renvoyer une image fidèle de la réalité juridique.

En effet, si l'on essaie de revenir à *une phénoménologie* de cette montée en puissance de la *juridiction pénale* et de la *jurisprudence pénale* qui mettent en cause des *agents publics*, on constate qu'elle se réalise, hors, sinon à l'écart du droit administratif (Chapitre I). Il n'y a pas, comme on va le voir, « pénalisation du droit administratif ou du droit public », ce qui représenterait pour le coup, une mutation gigantesque du droit administratif, puisqu'au contraire, en effet, la responsabilité pénale et celle des agents publics en particulier, se développe *à l'extérieur de la sphère administrative*... : d'une manière simple d'ailleurs, en s'appuyant d'abord sur le support de la loi qui apparaît comme au service du développement de la responsabilité pénale des agents publics. Ce sont alors le plus souvent des lois, qui n'ont pas d'objet administratif au départ, qui vont permettre de rechercher et sanctionner « la responsabilité pénale de l'administration » - et il faut entendre ici responsabilité pénale de l'administration par le truchement de ses agents ou de ses personnes morales. Pour preuve l'élargissement des incriminations pénales susceptibles de mettre en cause des agents publics dans des lois qui n'ont pas au départ un objet administratif.

Pour autant, si l'expression de « pénalisation du droit public » n'est pas juste, elle n'est pas complètement inexacte, en ce qu'elle exprime bien que le développement de la responsabilité pénale des agents publics *déborde*, dans ses conséquences et non dans ses fondements légaux [94], la frontière de l'ordre de juridiction. En effet, si le développement de la responsabilité pénale des agents publics, ne correspond pas à une mutation proprement dite du droit administratif, elle n'est pas dépourvue d'effet sur les structures, la logique et le fonctionnement du droit administratif. Il y a incontestablement un effet « retour » ou « boomerang » de cette responsabilité pénale des agents publics sur le champ de la responsabilité administrative, alors même que cette responsabilité pénale des agents se construit et se fortifie hors de la sphère administrative…

Ce sont alors les conséquences inédites sur le droit administratif, du développement de la responsabilité pénale des agents publics et désormais des personnes morales de droit public, qu'il faut analyser (Chapitre II). L'aspect le plus saillant, celui qui frappe, c'est d'abord la substitution de la méthode pénale à la méthode, comme à la logique, administratives, pour établir l'éventuelle responsabilité pénale d'un individu qui est pourtant un agent public (Section I). Mais l'influence du phénomène pénal va au-delà de la substitution des méthodes, voire même de l'inféodation de la logique administrative à la logique pénale. Elle est porteuse d'un certain nombre d'effets induits comme de réactions volontaires *de* et *dans* la sphère administrative (Section II). A bien des égards, en effet, la crainte du développement d'un juge pénal devenant un « juge ordinaire de l'administration [95] », à côté, voire au-dessus du juge administratif, et le trouble occasionné par cette intrusion, suscite des tentatives de réactions du côté administratif : c'est là une occasion de mutations volontaires du droit administratif. Pour autant, et sans qu'un tel effet ait été recherché, la reconnaissance de la responsabilité pénale des agents et personnes morales de droit public est de nature à induire d'autres mutations, involontaires cette fois, au sein du droit public ; et ce

---

[94] Après tout, n'y a t-il rien de surprenant à ce se soit le juge pénal qui sanctionne la responsabilité pénale d'un individu ou d'une personne morale, fussent ils , l'un agent public, l'autre de droit public.

[95] Cf. l'expression de Jeannine Hermann, in « *Le juge pénal, juge ordinaire de l'administration ?* », Dalloz 1998, 19e cahier, pp. 195- 202.

parce qu'elle heurte et ébranle dangereusement certains fondements, par ailleurs déjà bien érodés, du droit public français…

Chapitre I.

La loi au service du développement de la responsabilité pénale

Phénoménologie d'une montée en puissance du juge pénal hors sphère administrative

La multiplication des mises en examen des agents publics ces dernières années, trouve son origine principale, on a pu le voir, dans la mutation des mentalités sociales. Pour autant la loi, et par-là même, la volonté du Législateur, est également à l'origine de ce développement de la responsabilité pénale des agents publics ; soit qu'elle constitue le socle sur lequel s'appuient les victimes et les magistrats, soit qu'elle accompagne simplement le phénomène, la loi apparaît comme au service du développement de la responsabilité pénale des agents publics. Mais au service du développement de cette responsabilité pénale hors sphère administrative : de ce point de vue, le phénomène de codification des incriminations anciennes et nouvelles, susceptibles de déboucher sur une responsabilité pénale des agents publics, se réalise dans des lois qui n'ont pas au départ d'objet administratif ; c'est-à-dire qui n'ont pas vocation à régir les activités administratives ou plus généralement le droit administratif : ainsi ne trouve-t-on pas ces incriminations dans des lois visant la Fonction Publique, les pouvoirs du juge administratif, la procédure administrative…

En tout état de cause, présenter la volonté du Législateur comme au service du développement de la responsabilité pénale, et voir dans la loi le support, le fondement légal de la responsabilité pénale grandissante des agents de l'administration et plus largement des agents publics, renvoie à deux aspects respectifs du phénomène : il faut s'arrêter d'une part, sur la codification des incriminations dans le nouveau code pénal (Section I) et poser d'autre part, le constat de la pénalisation grandissante des matières juridiques techniques (Section II)

Section I.

La codification des incriminations dans le nouveau code pénal

Une grande part des incriminations de nature à mettre en cause la responsabilité pénale des agents publics trouve aujourd'hui sa place dans le nouveau code pénal. L'entrée en application du nouveau code pénal en date du premier mars 1994, à certainement contribué à modifier « à la hausse » les possibilités d'engagement de la responsabilité pénale de l'administration : on entendra ici responsabilité pénale de l'administration par le truchement de ses agents ou de ses personnes morales.
Ainsi, le nouveau code pénal a t-il élargi la gamme des incriminations susceptibles d'entraîner la mise en cause d'agents publics, en créant des infractions spécifiques aux agents publics ; mais il a surtout *repris et codifié infractions anciennes et infractions nouvelles, infractions spécifiques aux agents et non exclusives de ceux-ci*, et contribué *de jure* et *de facto* à l'avènement de grands domaines privilégiés de responsabilités pénales des agents publics. En outre, la grande innovation juridique codifiée dans le nouveau code pénal s'avère être la reconnaissance encore très contestée de la responsabilité des personnes morales de droit public.

§. 1. L'avènement de deux grands domaines de responsabilité pénale des agents publics

A l'occasion de la rédaction du nouveau code pénal, il n'est pas anodin de remarquer que tout un ensemble de dispositions générales et particulières a été repris de l'ancien code pénal. Pour autant, les rédacteurs du nouveau code pénal vont consacrer, en sus, des dispositions spécifiques aux agents publics. Elles se trouvent mentionnées au titre III, Chapitre II dans les articles 432-1 à 432-17 (NCP) sous l'intitulé « *des atteintes commises par les personnes exerçant une fonction publique* ». Incidemment, on peut ajouter que l'auteur d'infractions diverses, voit aggraver la sanction de son infraction s'il présente la qualité de personne exerçant une fonction publique. Ces éléments, avec d'autres, sont ainsi de nature à conforter l'idée que le Législateur entendait d'une part, créer de nouvelles infractions relatives à cette catégorie si particulière de citoyens, et d'autre part, en confier le contrôle et la répression à un autre juge que le juge administratif, le juge pénal.

Si l'on s'attache maintenant à analyser la nature de l'ensemble des infractions qui peuvent être commises par des agents publics, l'œil se porte de prime abord, facilité oblige, sur les infractions spécifiques aux agents publics (les fameux articles 432-1 à 432-17) : on y trouve alors les infractions constitutives d'un abus de pouvoir, aisément commises par des fonctionnaires d'autorité ; ce sont tour à tour l'administration elle-même[96], puis les particuliers[97] qui peuvent être les victimes de tels agissements. Le lecteur du nouveau code pénal y rencontre aussi des infractions pouvant être commises dans l'exercice d'une activité économique. En outre, les agents publics peuvent commettre toutes les autres infractions prévues au nouveau code pénal, et qui ne sont jamais exclusives de la qualité d'agent public.

Un formalisme en appelant un autre, il eut été possible dans cet ouvrage, de présenter d'un côté, les infractions spécifiques aux agents publics et d'un autre, les infractions communes. Ce n'est pas le choix retenu. Il importe moins, en effet, de distinguer les obligations anciennes de la création d'obligations nouvelles, ou de poser les incriminations spécifiques à la catégorie des agents publics et les incriminations visant la responsabilité pénale du citoyen ordinaire, que de parvenir à regrouper ces incriminations pénales susceptibles de conduire à la responsabilité des agents publics, par *secteurs* ou par *domaine*. L'important reste qu'il y a pour le présent et pour l'avenir de grands domaines de responsabilité pénale concernant les agents publics. On s'attachera à présenter deux domaines privilégiés de cette responsabilité pénale dans lesquels s'engouffrent les victimes. Le hasard veut que

---

[96] Art. 432-1, 432-2 et 432-3 (NCP).

[97] Art. 432-4 à 432-9 (NCP).

le premier secteur de responsabilité soit celui du risque et qu'il ne soit pas exclusif de la qualité d'agent public, tandis que le deuxième secteur renvoie, lui, à des infractions spécifiques commises par des agents de l'administration et des élus dans l'exercice d'activités économiques.

A. Le domaine de la sécurité et la sanction de la prise de risques

1. Développement des obligations de sécurité et des sanctions pour prise de risques

Le nouveau code pénal a procédé globalement à un renforcement des obligations de sécurité. Si dans l'ancien code pénal, ces dernières renvoyaient aux délits d'homicide involontaire (art. 319 CP devenu 221-6 NCP), comme aux coups et blessures involontaires, aujourd'hui tout manquement à cette obligation de sécurité sert de fondement express ou implicite à de nouvelles incriminations- à titre d'exemple : le délit réprimant les destructions ou dégradations involontaires du fait d'une explosion ou d'un incendie (art. 322-5 NCP), le délit de mise en danger d'autrui (art. 223.1 nouveau du NCP), le délit pour n'avoir pas pu provoquer des mesures à même de combattre un sinistre de nature à créer un danger pour la sécurité des personnes (art.223-7 NCP)...

Ce renforcement des obligations de sécurité se réalise aussi à partir de l'incrimination, au pénal, de divers comportements fautifs : d'une part, à l'évidence sur la base de faits constitutifs d'un *manquement à une obligation de sécurité ou de prudence imposée par la loi ou les règlements*, mais aussi d'autre part, sur la base d'une faute d'*imprudence*, de *négligence*, d'*inattention* ou même de *maladresse* (en terme d'habileté mais aussi en terme d'impéritie et de méconnaissance des textes) (cf. art.221-6 et 222-19 et -20 NCP) ; d'aucuns regroupent ce type de comportements fautifs sous l'appellation idoine *d'infractions pour manque de précaution* [98]. Un tel renforcement des obligations de sécurité, *s'il*

---

[98] M. Céoara « *La responsabilité pénale des élus à raison des délits liés au manque de précaution* » Colloque de L'ASTRAFI, 24 juin 1994 relatif à la responsabilité pénale des

ne concerne pas exclusivement les fonctionnaires et les élus est de nature à faciliter leur mise en cause devant le juge pénal.

L'existence de ces incriminations d'imprudence, de négligence et de manquement à une obligation de sécurité imposée par la loi et les règlements est, en outre, particulièrement propice à provoquer la responsabilité d'un élu : c'est effectivement celui qui a la charge d'un grand nombre d'obligations de sécurité, qui reste conséquemment le plus soumis à leur respect et qui tend à être le plus menacé par le « couperet » de la responsabilité pénale.

Et, si l'on considère l'activité administrative sous son aspect de *police administrative* (assurer l'ordre, la sûreté, la salubrité et la sécurité publiques[99]), celle ci se voit exercée en pratique par les maires, « qui constituent les autorités de police de droit commun au niveau communal » ; la sécurité étant alors objet de police municipale, il y a une obligation de sécurité résultant directement pour les maires de leur charge en matière de police.

Cette obligation de sécurité se révèle extrêmement large et diversifiée, puisque tout maire est tenu au respect d'une multitude d'obligations spécifiques au titre des polices spéciales : police des baignades, des édifices menaçant ruines, et pour les plus complexes, la police de l'urbanisme ou des établissements recevant du public... ces dernières renvoient à des activités en elles-mêmes hélas porteuses d'accidents, donc de nature à provoquer la recherche de la responsabilité pénale des élus. Pour n'avoir pas respecté leur *devoir de sécurité*, reconnu de longue date par la *jurisprudence administrative* [100] d'ailleurs, ils tombent *pénalement*, soit sous le coup du non-respect *d'une obligation de sécurité imposée par la loi ou les règlements*, soit sur celle de la faute

---

maires et des élus, Les petites affiches, 15févr. 1995, pp. 15-22. L'auteur, au delà de la définition textuelle des articles 221-6 et 222-19 du NCP, y englobe aussi l'absence de diligence, l'imprévoyance....

[99] Cf. art. L. 122-22 et L. 131-1 et s. du code des communes et art. L 2212-2, L. 2212-4 CGCT.

[100] A titre d'exemple, parmi d'autres, sanctionnant l'absence de mesures pour éviter le danger présenté par une piste de ski: CE., 14 mars 1986, *commune de Val-d'Isère c/Mme Bosvy*, J.C.P.1986. II.20670- ou contre les risques d'avalanches: CE., 7 mars 1980, *SARL Cinq-sept, Rec.*, 129.

d'*imprudence* ou de *négligence* des articles 221-6 et 222-19 et-20 du Nouveau Code Pénal.

On peut noter ensuite que c'est parfois *le manquement à une obligation d'assistance* que le juge pénal va pouvoir retenir contre un agent public, en particulier un élu, et en pratique le maire. Celui ci n'est-il pas déjà chargé particulièrement par l'article L.131-2-6 du code des communes, « de pourvoir d'urgence à toutes les mesures d'assistance et de secours, en cas d'accidents et fléaux calamiteux, tels que les incendies, les inondations, les avalanches…» ? Le juge pénal retiendra, lui, la responsabilité pénale sur le fondement de l'article 223-6 alinéa 2.

«...quiconque s'abstient volontairement de porter à une personne en péril, l'assistance que, sans risque pour lui ou pour les tiers, il pourrait lui porter, soit par son action personnelle, soit en provoquant un secours » et/ou encore l'article 223-7. NCP « quiconque s'abstient volontairement de prendre ou de provoquer les mesures permettant... de combattre un sinistre de nature à créer un danger pour la sécurité des personnes... ».

2. *Le délit de mise en danger de la personne d'autrui*

Un pas de plus a été franchi dans cette volonté d'encadrement juridique du risque, avec la création du délit de *mise en danger de la personne d'autrui* (art.121-3 et 223-1 NCP) au titre des innovations du nouveau code pénal. Cette innovation devrait permettre d'assurer la répression d'un comportement dangereux pour autrui (mais délibéré) indépendamment de la survenance d'un dommage. C'est là un délit « par lequel le Législateur sanctionne non une simple indifférence, mais une hostilité à une valeur sociale ». « Il s'agit de sanctionner un comportement sans que celui ci ait tourné à la catastrophe (...). Le délit de mise en danger d'autrui exprime surtout la préoccupation de prévenir l'apathie morale qui caractérise nos sociétés contemporaines.[101]

---

101 Cf. Marc Puech, » *De la mise en danger d'autrui* », Rec. Dalloz, chronique 1994, p. 153.

Malgré les difficultés d'interprétation que cette mise en danger de la personne d'autrui ne va pas manquer de produire en jurisprudence, certains juges ont commencé à en faire application.[102] En tout état de cause, le champ d'application potentiel de la mise en danger de la personne d'autrui est vaste, spécialement en ce qui concerne les agents publics. Ce délit pourrait parfaitement trouver à s'inscrire dans des carences aux obligations de police générale et spéciales, même s'il risque de déborder sur le domaine de la faute d'imprudence ou de négligence. Il ne faudrait pas croire que seul l'agent public ou l'élu verrait sa responsabilité impliquée à raison de son fait personnel : Jean Viret envisage qu'une responsabilité pécuniaire de l'administration pourrait être retenue.[103]

B. Le secteur économique [104]

Derrière cette appellation de « secteur économique », il est fait référence à l'ensemble des infractions pouvant être commises par les élus et les agents de l'administration à l'occasion de l'exercice d'activités économiques diverses : la responsabilité pénale de ces élus et des agents de l'administration renvoie alors au pouvoir financier qu'ils détiennent et à leur devoir corrélatif de probité. Or nul n'échappe désormais au phénomène de la régulation marchande pas même, voire surtout pas, l'administration. Il faut alors garder à l'esprit que le développement des fonctions des personnes publiques et de leurs agents à l'égard des entreprises, particulièrement celles du secteur

---

[102] -TGI Avignon, 15 septembre 1994, *Ministère public c / Mme Van Gaver ép. Bressange*, n° 1683- 94. Et -CA de Douai, 26 octobre 1994, D. 1995, n° 11 Jur. p.172.

[103] En effet pour cet auteur, si l'absence de dommage corporel exclut la responsabilité pécuniaire de l'administration, on peut imaginer « qu'un dommage matériel soit à la fois la conséquence et la preuve d'une violation manifeste d'une obligation particulière de sécurité ou de prudence qui aurait pu provoquer mort d'homme ». L'administration pourrait éventuellement avoir à couvrir les conséquences matérielles de l'accident. Cf. Jean Viret, « *La responsabilité de l'administration et de ses agents à l'épreuve du droit pénal contemporain* », op. cit., p.768.

[104] On se reportera avec profit concernant cette question à la communication de Pierre Dévolvé, « *Répression, droit pénal et droit administratif* », in frison-Roche Marie-Anne (dir.), « *Les enjeux de la pénalisation de la vie économique* », pp. 36-49, Dalloz 1997 qui a inspiré ce paragraphe.

public (cf. par exemple les sociétés d'économie mixtes)ouvre un nouveau champ d'application à la responsabilité pénale et multiplie la possibilité de commission de certaines infractions que l'on peut qualifier d'économiques.

Le Législateur a élaboré toute une gamme d'incriminations applicables au secteur de l'activité économique auquel participent les agents des personnes publiques. À côté des incriminations propres aux agents publics pour manquement au devoir de probité - délit de *concussion* (art. 432-10 NCP [105]), *corruption passive, trafic d'influence* (art. 432-11 NCP[106]), s'ajoute les fautes pénales personnelles que les agents des collectivités publiques peuvent commettre à l'occasion des activités économiques de ces collectivités publiques. Ainsi en est-il de l'ancien *délit d'ingérence* (art. 175 CP) repris sous le nom de *prise illégale d'intérêt* (art. 432-12 NCP) ou du récent *délit de favoritisme* qui sanctionne des comportements faussant la concurrence lors d'attribution de contrats par des personnes publiques ou des sociétés d'économie mixtes avec des personnes privées. Relativement à ce dernier délit, de favoritisme, c'est un délit qui a été institué par la loi du 3 janvier 1991 relative à la transparence et à la régularité des procédures de marchés (art. 7) puis a été étendu par la loi du 29 janvier 1993 relative à la prévention de la corruption (art.

---

[105] « *Le fait, par une personne dépositaire de l'autorité publique ou chargée d'une mission de service public, de recevoir, exiger ou ordonner de percevoir à titre de droits ou contributions, impôts ou taxes publics, une somme qu'elle sait ne pas être due, ou excéder ce qui est dû, est puni de cinq ans d'emprisonnement et de 500 000 F d'amende. Est puni des mêmes peines le fait, par les mêmes personnes, d'accorder sous une forme quelconque et pour quelque motif que ce soit une exonération ou franchise des droits, contributions, impôts ou taxes publics en violation des textes légaux ou réglementaires.*
La tentative des délits prévus au présent article est punie des mêmes peines. » Art. 432-10. Nouveau code pénal.

[106] « *Est puni de dix ans d'emprisonnement et de 1 000 000 F d'amende le fait, par une personne dépositaire de l'autorité publique, chargée d'une mission de service public, ou investie d'un mandat électif public, de solliciter ou d'agréer, sans droit, directement ou indirectement des offres, des promesses, des dons, des présents ou des avantages quelconques :*
1° Soit pour accomplir ou s'abstenir d'accomplir un acte de sa fonction, de sa mission ou de son mandat ou facilité par sa fonction, sa mission ou son mandat;
2° Soit pour abuser de son influence réelle ou supposée en vue de faire obtenir d'une autorité ou d'une administration publique des distinctions, des emplois, des marchés ou toute autre décision favorable. » Art. 432-11. Nouveau code pénal.

49-III). Le nouveau code pénal n'avait, pour sa part, repris dans son article 432-14, sous l'intitulé *Des atteintes à la liberté d'accès et à l'égalité des candidats dans les marchés publics* [107], que le seul texte de la loi de 1991 sans adjonction de celle de 1993. La loi du 8 février 1995 relative aux marchés publics et délégations de service public vient combler cette lacune en son article 10 [108].

D'autres éléments viennent plus encore au soutien de l'idée que la loi favorise le développement de la responsabilité pénale des agents publics à l'extérieur de la sphère administrative : on s'aperçoit que les représentants de personnes publiques exerçant des fonctions au sein de personnes publiques, comme au sein des sociétés d'économie mixte, encourent une responsabilité pénale pour la commission d'infractions propres au droit des sociétés, références étant faites d'une part, aux dispositions pénales de la *loi du 24 juillet 1966 sur les sociétés commerciales* qui s'applique aussi aux sociétés d'économie mixte [109] et d'autre part, à la *loi du 25 janvier 1985 relative au redressement et à la liquidation judiciaire des entreprises*, susceptible d'impliquer une responsabilité des représentants de personnes publiques dans les sociétés d'économie mixte. En pratique, il est parfaitement

[107] « *Des atteintes à la liberté d'accès et à l'égalité des candidats dans les marchés publics : Est puni de deux ans d'emprisonnement et de 200 000 F d'amende le fait, par une personne dépositaire de l'autorité publique ou chargée d'une mission de service public ou investie d'un mandat électif public ou exerçant les fonctions de représentant, administrateur ou agent de l'Etat, d'un établissement public n'ayant pas le caractère industriel ou commercial, d'une collectivité territoriale ou d'un de ces établissements publics ou d'une société d'économie mixte, ou par toute personne agissant pour le compte de l'une de celles susvisées, de procurer ou de tenter de procurer à autrui un avantage injustifié par un acte contraire aux dispositions législatives ou réglementaires ayant pour objet de garantir la liberté d'accès et l'égalité des candidats dans les marchés passés par: l'Etat et les collectivités ou organismes mentionnés plus haut.* » Art. 432-14. Nouveau code pénal.

[108] « Est puni ... le fait par une personne dépositaire de l'autorité publique ou chargée d'une mission de service public, ou investie d'un mandat électif public, ou exerçant les fonctions de représentant, administrateur, ou agent de l'Etat, des collectivités territoriales, des établissements publics, des sociétés d'économie mixte d'intérêt national chargées d'une mission de service public et des sociétés d'économie mixte locales ou pour toute personne agissant pour le compte de l'une de celles sus-mentionnées de procurer ou de tenter de procurer à autrui un avantage injustifié par un acte contraire aux dispositions législatives ou réglementaires ayant pour objet de garantir la liberté d'accès et l'égalité des candidats dans les marchés publics et les délégations de service public. » Art. 10 de la Loi du 8 février 1995 relative aux marchés publics et délégations de service public.

[109] Cf. cette possibilité prévue expressément par la Cour de Cassation: Cass. crim. 16 février 1971, *Bull.* Crim. n° 53, p. 133. *JCP* 1976, II 18476, note M. Delmas-Marty.

vraisemblable, qu'au titre de la première loi, « des représentants de collectivités publiques exerçant des fonctions de dirigeants de sociétés d'économie mixte puissent être poursuivis pour manquement aux règles sur la constitution, la direction, l'administration, le contrôle de la société, la tenue des assemblées d'actionnaires, la modification du capital social, l'abus de biens sociaux (art. 432 et s. de la loi de 1966) [110]». Et qu'au titre de la seconde, leur responsabilité soit engagée pour banqueroute par exemple (cf. art. 196, 198, 202 de la loi du 25 janvier 1985).

Avec le nouveau code pénal, le champ d'application de la responsabilité ne se limite plus à celle de la responsabilité pénale des agents publics mais porte également sur celle des personnes morales de droit public.

§. 2. La création de la responsabilité pénale des personnes morales de droit public

La responsabilité pénale des personnes morales (art. 121-2 NCP [111]) constitue l'une des innovations remarquées du nouveau code pénal. C'est d'ailleurs le Législateur, qui, au moyen d'un amendement parlementaire et contre l'avis du gouvernement, a décidé d'étendre la responsabilité pénale aux personnes morales de droit public… La réflexion relative à la responsabilité pénale des agents de l'administration et des élus se trouve alors renouvelée par les conséquences attachées à l'extension de cette répression pénale aux personnes publiques. Cependant, une telle responsabilité pénale n'est susceptible, de par la loi, d'être engagée qu'à propos de certaines personnes publiques et qu'à propos de certaines activités et sous la condition, enfin, que les infractions visées soient prévues dans un texte spécifique ; il n'y a de responsabilité pénale des personnes morales (de droit public) que dans les cas prévus par

[110] Pierre Dévolvé, « *Répression, droit pénal et droit administratif* », op. cit. p. 40.

[111] « Les personnes morales, à l'exclusion de l'Etat, sont responsables pénalement selon les distinctions des articles 121-4 à 121-7, et dans les cas prévus par la loi ou le règlement, des infractions commises, pour leur compte, par leurs organes ou représentants.
Les collectivités territoriales et leurs groupements ne sont responsables pénalement que des infractions commises dans l'exercice d'activités susceptibles de faire l'objet de conventions de délégation de service public. »

la loi ou les règlements. Ce qui permet d'affirmer à l'instar de Jean Pradel que cette nouvelle responsabilité est de droit pénal spécial et non de droit pénal général.

Si l'on s'attache aux *personnes morales potentiellement responsables*, toutes les personnes morales de droit privé peuvent être poursuivies pénalement, parmi elles les sociétés d'économie mixte. Concernant *les personnes morales de droit public*, il faut d'abord noter l'exclusion de *l'État* de cette responsabilité pénale. *Les établissements publics*, eux, sont pleinement subordonnés à cette responsabilité pénale quelle que soit la nature de leurs activités : administrative, industrielle ou commerciale ; c'est ainsi que les grandes entreprises publiques, constituées en établissements publics sont visées : EDF, GDF, SNCF... Enfin, entrent naturellement dans le champ de l'article 121-2 « les collectivités territoriales et leurs groupements » : communes, départements, régions, DOM et TOM sont sans difficulté concernés pour le premier terme ; tandis qu'il faut apparemment entendre derrière le terme de *groupements de collectivités territoriales*, syndicats de communes, districts, syndicats mixtes, communautés urbaines, communautés de communes, communautés de villes. Leur statut juridique reste celui d'établissement public, mais constituant des groupements de collectivités territoriales, ils obéissent au même régime que ces dernières ; c'est aussi le cas pour leur responsabilité pénale.[112]

Relativement aux *activités de ces personnes morales de droit public,* la loi a prévu que la responsabilité pénale des collectivités territoriales et de leurs groupements ne pourra être engagée que pour « les infractions commises dans l'exercice d'activités susceptibles de faire l'objet de conventions de délégation de service public ». Voici la définition donnée en 1990 par la chancellerie de la convention de délégation de service public : c'est l'ensemble des contrats par lesquels une collectivité « confie l'exécution d'une activité de service public à une autre personne physique ou morale ». Il n'est pas toujours aisé pourtant

---

[112] Cf. Pierre Dévolvé, « *Répression, droit pénal et droit administratif* », in frison-Roche Marie-Anne (dir), « *Les enjeux de la pénalisation de la vie économique* », pp. 36-49, Dalloz 1997.

l'appréhender les activités qui s'inscrivent dans le cadre de cette :onvention de délégation de service public. En tout état de cause, *ont être exclues* les activités qui ne peuvent pas être déléguées : :elles ci renvoient à des activités administratives qui n'ont pas par :lles même un objet économique, mais impliquent la mise en euvre de prérogatives de puissance publique ; à titre d'exemple, es activités de police, l'édiction de mesures réglementaires, des ıctivités de gestion… (Et il semble bien que les activités usceptibles de faire l'objet d'un contrat soumis au code des narchés publics, se trouvent également hors du champ de la esponsabilité pénale des collectivités territoriales puisque les extes récents prennent soin de distinguer les notions de marchés ›ublics et celle de délégation de service public [113]). A contrario, les ıctivités qui peuvent donner lieu à une convention de délégation de ;ervice public présentent le plus souvent un caractère économique : ıinsi l'eau sous l'angle de la distribution, le traitement des ordures nénagères, les transports en commun, l'assainissement… ont un :aractère industriel et commercial. D'autres activités conservent le :aractère administratif comme la construction et l'exploitation l'ouvrage d'art routier [114]. On note d'ailleurs que la délégation n'a ›as à être effective, il suffit qu'elle soit possible.

Enfin le nouveau code pénal a posé comme condition de la esponsabilité de la personne morale de droit public, *le fait que l'infraction ait été commise pour son compte, par un de ses ›rganes ou représentants*. Constitueront à la fois *les organes et les eprésentants* de *la collectivité territoriale*, les exécutifs locaux : naire, adjoints, président du conseil général ou régional, les nembres des bureaux ; et pour les *établissements publics* : leurs ›résidents, directeurs généraux et présidents-directeurs. Sont jualifiés d'organes de la collectivité territoriale - pour *la :ommune* : les assemblées délibérantes et commissions ›ermanentes - *pour le département et la région* : les bureaux conseils généraux et régionaux) - *pour les établissements publics* : es conseils d'administration, directoires ou conseil de surveillance. Toute autre personne « ayant reçu délégation formelle du maire, du

[113] Cf. le professeur Michel Guibal
[114] Exemples cités par Pierre Dévolvé, op. cit. p. 41

président du conseil général ou régional et agissant dans le cadre de sa délégation devient *représentant* de même que le *mandataire* agissant dans le cadre de son mandat »[115].

Désormais donc la responsabilité pénale d'un agent ou élu pourra se combiner avec celle de la personne morale de droit public pour des délits, pour certains prévus dans le code pénal. infractions d'imprudence ou de négligence, discrimination *(*art. 225-1 et-2NCP*)*, délits relatifs au traitement informatisé (226-16 à 226-22 NCP), atteintes à l'autorité de l'État (cf. titre III NCP..) et à la confiance publique (441-12,442-14, 444-9) par exemple. Ce qu'il faut encore remarquer c'est qu'une liste immense d'infractions imputables aux personnes morales figure à l'extérieur du Nouveau code pénal, dans des lois sur l'environnement par exemple, ainsi l'article 81 (infraction de pollution marine) de *la loi du 2 février 1995 relatif au renforcement de la protection de l'environnement, ou dans la loi du 29 janvier 1993 relative à la prévention de la corruption et à la transparence de la vie économique et des procédures publiques*... Elles témoignent de cette tendance à la pénalisation de l'activité administrative qui se réalise du fait d'un mouvement plus général de pénalisation des matières juridiques complexes.

[115] Est ici presque intégralement reprise l'énumération de Jean Viret, op. cit. p. 777.

Section. II.

La pénalisation des matières juridiques techniques

Le domaine grandissant de compétence de la juridiction pénale et la multiplication des situations où elle est susceptible de connaître de l'activité des agents publics, sont également la conséquence d'un mouvement particulier : celui de la pénalisation progressive des matières juridiques techniques. Le domaine de l'environnement comme celui de l'urbanisme, matières complexes n'échappent pas à la tendance générale. Il se trouve que ce sont également deux domaines privilégiés de l'activité administrative.

§. 1. Le domaine de l'environnement

Le champ d'intervention du juge pénal pénètre de plus en plus les matières juridiques complexes ; ceci se manifeste le plus souvent par « une démultiplication des incriminations spéciales au sein de lois spécifiques[116] ». Le renforcement de la protection pénale de l'environnement s'est effectué d'une part à l'intérieur du nouveau code pénal, avec la création de nouvelles incriminations spectaculaires(cf. le terrorisme écologique : 4212 NCP par exemple) ou juridiquement révolutionnaire (cf. infra. le délit de mise en danger d'autrui,). Mais il est surtout perceptible, d'autre part, au regard de lois environnementales qui instituent de nouveaux délits et répriment comme délictueux d'anciens comportements licites. L'environnement appréhendé juridiquement se voit affecté au premier chef et transformé par l'apparition de ces nouvelles lois.

Certaines peuvent être citées pour mémoire, elles ont été pour la plupart modifiées et enrichies :

---

[116] Jeannine Hermann, in « *Le juge pénal, juge ordinaire de l'administration ?* ». Op cit. p.198.

- les lois modifiées du 2 août 1961 *sur la pollution de l'air - la loi déchets* du 15 juillet 1975 modifiée par *la loi 92 646 du 13 juillet 1992* qui a augmenté ses peines, - *la loi du 19 juillet 1976 sur les installations classées* qui voit renforcées ses sanctions pénales par *la loi du 3 juillet 1985* et celle de *1992* (op. Cit.), - *la loi du 3 janvier 1992 sur l'eau, la loi Barnier* - qui a d'ailleurs consacré le principe dit de précaution et qui enrichit les obligations classiques en matière de prévention...

On a vu fleurir une véritable palette d'infractions pénales - dont certains voudraient bien que le contentieux pénal de l'environnement se nourrisse- de nature à entraîner la responsabilité de tout citoyen, a fortiori celle des agents publics. Désormais, « le droit pénal de l'environnement se présente comme un patchwork juridique, les infractions y sont multiples et disparates : plus de cent onze incriminations cohabitent dans onze secteurs : mer, eaux superficielles, installations classées, déchets, produits alimentaires et chimiques, bruits, air, parcs nationaux et réserves naturelles, faune et flore, chasse et pêche. » [117]. Cette pénalisation actuelle du domaine de l'environnement se superpose à la fois, *d'abord* à l'apparition entre 1970 et 1980 d'un droit de l'environnement et à son développement linéaire, et *ensuite* aux initiatives jurisprudentielles qui depuis les années 1960 [118] sanctionnent la responsabilité pénale de l'élu dans le domaine de l'environnement ou des risques technologiques majeurs et mineurs. Elle est en tout état de cause de nature à renouveler les termes du débat sur la responsabilité pénale des agents publics[119] :

- Déjà les *décisions* d'élus prises en méconnaissance des lois de police administrative sur la protection de l'environnement

---

[117] Marcel Bayle, Petites affiches, 6 octobre1993, n° 120 p. 140

[118] L'affaire qui ouvre pour ainsi dire la marche est certainement la condamnation du maire de la commune de Saint Laurent du Pont, sur la base de l'article 319 du code pénal, suite à l'incendie d'un dancing ; le 5/ 7 ayant entraîné la mort de 146 personnes furent retenu contre lui le fait: qu'il n'avait pas accompli les obligations résultant de l'arrêté préfectoral accordant le permis de construire, ni celle du décret 54. 856 du 13 août 1954 relatif à la protection contre les risques d'incendie et de panique dans les établissements recevant du publics, ni non plus un ensemble d'obligations de sécurité. Cf. CA de Lyon, 13 juillet 1973. Gaz. Pal.,14-15 nov.1973 et Crim., *Gaz. Pal.* 1974 p. 417.

[119] Sur cette question, Cf. Christian Huglo, « *Les délits liés au manque de précaution: risques et environnement* », Les petites affiches, 15 févr. 1995, p.26.

peuvent constituer des infractions pénales ; à cet égard, les polices administratives dans le domaine de l'environnement sont des polices spéciales (eau, déchets, installations classées...). Le maire par exemple, en tant que « représentant de la personne morale de la commune, ou agissant en vertu d'une délibération municipale, prend une décision qui tombe sous le coup des lois et règlements protégeant l'environnement et sanctionnant la protection du milieu naturel ou la sécurité ».
De même, le maire peut être déclaré responsable, même si sa responsabilité est limitée par les responsabilités du préfet dans le cadre des polices spéciales, si en tant qu'agent d'exécution, il est chargé d'exécuter de façon complète des actes de l'autorité supérieure et si par négligence ou son abstention, il a contribué à réaliser le dommage ou à l'aggraver.

- Beaucoup plus envisageable, est l'hypothèse de la responsabilité pénale des élus résultant souvent d'une faute de négligence à *l'occasion de l'existence d'activités de la commune ou de services publics*. Ainsi *les lois sur les déchets et les installations classées* encadrent les activités potentiellement dommageables de la commune : une décharge sauvage, gérée sans autorisation par une commune et sous l'autorité de ses élus par exemple, pourrait entraîner la responsabilité pénale de ces élus car ce comportement serait constitutif du délit pénal d'exploitation de déchets sans autorisation prévu par la loi du 15 juillet 1975, ou du délit d'exploitation d'une installation classée sans autorisation requise prévu à l'article 18 de la loi du 19 juillet 1976.

Pour un autre exemple concret, on évoquera *la loi sur l'eau du 3 janvier 1992* qui institue un délit général de pollution des eaux (art. 22 [120]), extrêmement large, qui vise dommages à la faune et à la flore, effets sur la santé humaine... Elle comporte également un titre II « assainissement » destiné aux collectivités locales, au sein duquel sont mentionnés « l'étude d'exécution d'exploitation de tous travaux, ou ouvrages, ou installations, présentant un caractère d'intérêt général ou d'urgence, visant tout ce qui touche à l'aménagement des eaux, l'approvisionnement en eau, la défense

---

[120] Les articles 23 et 25 de cette même loi visent d'autres délits sous la coupe duquel tout élu peut tomber.

contre les inondations et la mer, la lutte contre la pollution, la protection et la conservation des eaux, la restauration des sites, des écosystèmes aquatiques, les zones humides et aménagements hydrauliques[121] ». L'article 35 de cette même loi sur l'eau a de plus conduit à insérer au code des communes l'article L. 372- 1-1 qui met à la charge des communes les dépenses des systèmes d'assainissement collectif, dont font partie les stations d'épuration des eaux usées et l'élimination des boues produites.

En définitive, on constate aujourd'hui que ces faits constitutifs d'infractions pénales aux lois environnementales peuvent être portés devant la juridiction répressive. Elles donnent lieu à des mises en examens et des condamnations de responsables publics, notamment pour des délits du fait des réseaux d'assainissement[122]. Auparavant, c'était le Conseil d'État qui retenait sans ambages la responsabilité des communes pour défaut d'assainissement ou insuffisance de capacité d'installations d'épurations [123], pour le rejet d'eaux usées collectées par les égouts de la ville et ruissellement des eaux dans un cours d'eau, [124] pour le mauvais fonctionnement d'ouvrages publics d'assainissement avec un cumul de pollution industrielle...[125] Quant aux tribunaux correctionnels, ils ne sanctionnaient que très rarement un *maire, comme directement coupable* de pollution des eaux du fait du fonctionnement défectueux d'une station d'épuration communale ou sur la base de ses obligations d'assainissement, mais engageaient *la responsabilité de la commune*, en prenant simplement en cause le fait matériel de la pollution[126].

§. 2. L'urbanisme

Il pourrait a priori paraître curieux de citer le domaine de l'urbanisme comme prototype des matières juridiques pénétrées

---

[121] Christian Huglo, op. cit. p.26.
[122] Cf., le rapport du Conseil d'Etat.
[123] CE, 12 mars 1975, *Boissy-Le-Cutte*.
[124] CE, 14 décembre 1984,*Communauté urbaine de Lyon*, Req. 31-460.
[125] CE, 15 octobre 1976, *District urbain de Reims*, R.J.E.II 77.
[126] Rappelons que le code pénal a supprimé les délits matériels et que conséquemment pour établir un délit de pollution d'eau, d'imputer à l'auteur un comportement d'imprudence ou de négligence ou constitutif d'une mise en danger délibérée d'autrui.

ar la pénalisation. On répondra d'abord que l'urbanisme trouve sa lace au sein de ce paragraphe, en premier lieu parce qu'il est éputé pour sa technicité, et certainement moins flatteur, pour son xcessive complexité ; en deuxième lieu, parce que les conditions ans lesquelles le droit de l'urbanisme trouve à s'appliquer, à 'intérieur de la sphère administrative, sont suffisamment roblématiques pour conduire à un transfert de situations itigieuses devant le juge pénal qui n'est pas pourtant le juge aturel de l'urbanisme.

Ce qui frappe de prime abord, c'est la fréquence et la analisation des violations de la règle d'urbanisme ; que celles ci oit imputables aux personnes privées qui perçoivent mal, sinon amais, le but dans lequel la règle d'urbanisme est posée, ou aux ersonnes publiques et à travers elles, leurs fonctionnaires et leurs lus qui sont en position d'y porter atteinte à différents égards : soit ar un certain laxisme dans leur fonction de constatation des nfractions d'urbanisme, laxisme qui s'explique dans le cadre 'une fonction partagée entre différents corps[127]. Soit encore nvolontairement, par erreur juridique ou d'appréciation, à 'occasion de l'application d'un droit complexe et touffus[128] ; soit nfin à l'occasion d'une faute volontaire ou l'opportunité locale 'attache à « l'intérêt très concret de la construction (...) supérieur à 'intérêt général, bien abstrait que protège la règle d'urbanisme [9] ». Délivrances laxistes des autorisations côtoient alors rejets busifs des demandes.

---

[27] On rappelle les lignes du professeur Hugues Perinet-Marquet dans son article *l'inefficacité des sanctions du droit de l'urbanisme* », Dalloz 1991, 6ème cahier, Chron. pp. 7-46. A savoir que les fonctionnaires et agents des collectivités locales ou de l'Etat, ommissionnés à cet effet par le maire ou le ministre, partagent cette charge avec les fficiers ou agents de police judiciaire. D'autre part certains élus locaux, relevant les aspects 'une décentralisation inachevée, estiment parfois que la constatation et la répression des nfractions d'urbanisme relèvent plus des agents du pouvoir central ; dans certains cas, omme « en matière d'interruption des travaux, c'est le préfet qui dispose du pouvoir de se ubstituer au maire défaillant (art. L ; 480-2), et tout manquement de l'autorité locale en ce omaine entraîne la responsabilité de l'Etat et non de la commune ». Cf. CE, 14 octobre 987, *Min. Urb. c/ Malinconi*, D. 1988. Somm. P. 379.

[8] Ainsi pour certificats d'urbanisme erronés(Cf. CE, 17 octobre 1986, *Périe*, Dr. adm. 986 p. 595) ou erreurs manifestes d'appréciation dans le classement de terrains au sein 'un POS. Exemples cités par Hugues Perinet-Marquet « *l'inefficacité des sanctions du droit e l'urbanisme* », op. cit. p. 40.

[9] Ibidem.

La répression des violations publiques du droit de l'urbanisme appartient naturellement au juge administratif l'accroissement des recours en contestation des décisions d'urbanisme est d'ailleurs conséquent. Pour autant, le juge administratif ne semble pas constituer « un obstacle suffisamment sérieux aux violations publiques des règles d'urbanisme ». On abordera d'ailleurs cette question des difficultés du procès administratif dans le paragraphe consacré à « la méthode pénale ». Le droit pénal constitue un autre mode de répression des atteintes à l'urbanisme mais il ne saurait être pour autant le seul, ce domaine de compétence étant constitutif d'une charge supplémentaire pour les juridictions pénales. Le code de l'urbanisme comporte de fait de nombreuses infractions pénales : un exemple est constitué par le fait pour un élu de délivrer un permis de construire dans une zone à risque ; ce comportement tombe sous le coup de l'article L. 160-1 du code de l'urbanisme qui réprime pénalement l'exécution de travaux ou l'utilisation du sol en méconnaissance des obligations des articles L.111-1 à L. 111-4, L.111-3 et L.111-2 et de leurs règlements d'application. De plus, c'est au droit pénal, et donc aux juridictions pénales qu'il appartient de prononcer la sanction complémentaire de démolition ou de mise en conformité. En bref la responsabilité pénale des agents de l'administration est susceptible d'être retenue en matière d'urbanisme relativement « à l'élaboration de la réglementation locale, ou de son application par la délivrance des autorisations relatives à l'occupation des sols et du contrôle de son respect dans le cadre des procédures particulières instituées par le code de l'urbanisme [130] ». Rien n'empêche donc qu'un contentieux, public, à l'origine, n'atterrisse sur le bureau du juge pénal. En définitive et pour conclure, il semble possible de dire sans beaucoup de risque de se tromper qu'à côté des domaines de l'environnement et de l'urbanisme l'extension des compétences de la juridiction pénale à des matières juridiques complexes ira grandissant eu égard au développement des domaines techniques presque indissociables, par nature, des risques naturels et technologiques.

---

[130] M. Céoara «*La responsabilité pénale des élus à raison des délits liés au manque de précaution* », op. cit. p. 17.

Un deuxième élément du développement de la responsabilité pénale des agents publics hors sphère administrative est constitué par les méthodes employées à cette fin. Il ne s'agit pas de méthodes juridiques administratives de recherche de la responsabilité : parmi les conséquences, en effet, du développement de la responsabilité pénale sur le droit administratif, on note la substitution de la méthode pénale à la logique administrative.

Chapitre II.

Conséquences du développement de la responsabilité pénale des agents publics sur le droit administratif

Voilà plusieurs décennies que l'on fonctionne sur le principe lumineux qui veut que la mise en œuvre de la responsabilité de l'administration devant le juge administratif ne fasse pas obstacle à la mise en jeu individuelle des agents publics devant le juge pénal. Et jusque récemment, la distinction entre ces deux types de responsabilité était organisée assez clairement pour assurer une protection, et des agents, et des services administratifs. Effectivement, d'un coté le juge administratif a limité la qualification de faute personnelle appliquée à des actes et des comportements commis dans l'exercice de ses fonctions par l'agent public ; tandis que de l'autre, « les conditions dans lesquelles intervient le juge pénal sont de nature à éviter la mise en cause de l'administration »[131].

Pour autant que se passerait-il si un changement intervenait dans le processus d'intervention du juge pénal ? Or la réalité rattrape aujourd'hui cette interrogation, si l'on veut bien constater que depuis quelques années, le processus d'intervention du juge pénal est différent ; il se voit renforcé entre autres par le rythme et la fréquence nouveaux avec lesquels il y est fait recours, et par son inscription nouvelle dans le paysage social, juridique, politique, en tant que dernier (ou premier…) juge de la moralité publique. Conséquemment, chaque fois qu'elle en a l'occasion, la méthode pénale semble bien se substituer à la logique administrative qui apparaît à bien des égards « tenue en l'état » par le juge répressif (Section I). Un tel changement n'est pas sans conséquences sur le droit public en général et le droit administratif en particulier. S'il ne convient pas, à notre sens de parler de véritable « pénalisation du droit administratif », ce processus renouvelé d'intervention du juge pénal produit des effets de transformation du droit administratif, certains sont peut-être recherchés, d'autres sont des effets induits. Il est alors à l'origine d'un certain nombre de mutations du droit administratif lui même. Tentons de les analyser dans leurs grandes lignes (Section. II).

---

[131] Cf. Jacqueline Doménach, « *L'Administration et le droit administratif face à la mise en jeu de la responsabilité pénale des agents publics*», in « Mélanges en l'honneur du professeur PEISER », p. 192, P.U.G. (presses universitaire de Grenoble), 1995.

Section. I.

La substitution de la méthode pénale à la logique administrative pour la recherche de la responsabilité pénale

Dans la recherche de la responsabilité pénale, fut-elle celle d'un agent public, le juge pénal met d'abord en œuvre la méthode pénale, celle qui lui est naturelle et celle sur la base de laquelle il a mission de rendre justice. La méthode pénale a, pour ainsi dire, « fait ses preuves » se fondant sur de solides supports, en terme d'efficacité du procès pénal comme au niveau du développement de la faute pénale notamment… Aussi, bien que le juge pénal soit nécessairement confronté, à l'occasion d'un litige où est impliqué un agent de l'administration, aux règles de l'activité administrative, il semble bien en définitive que (les arguments tirés de) la logique administrative soient relégués au profit des règles toutes aussi séculaires, de la méthode pénale.

§. 1. Le support de la méthode pénale

Ce qui supporte l'édifice, entérine, puis contribue au développement des recours au juge pénal reste l'idée d'une plus grande efficacité, en terme de répression, du procès pénal. En outre, la faute pénale apparaît comme une « faute globalisante », en ce sens qu'elle tend à absorber les autres fautes, celles qui sanctionnent respectivement d'habitude les responsabilités civile, administrative et même politique…

A. L'efficacité du procès pénal

Il semble que l'efficacité du procès pénal se décline d'après deux aspects ; c'est d'abord le recours au « juge qui sait », idée qui renvoie à l'efficacité de l'instruction pénale ; c'est ensuite, et il faut y voir une innovation récente, la possibilité donnée à une victime, où qui se prétend telle, la possibilité d'aller au-delà de l'acte administratif par le truchement de la juridiction pénale : la personne du Ministère public et du juge d'instruction en particulier.

1. « Le juge qui sait » ou l'efficacité de l'instruction pénale

L'efficacité de l'instruction pénale s'explique par sa capacité de rassemblement des preuves. Tandis que le juge pénal colle à son image de « juge qui sait », si l'on considère que c'est le juge qui est le plus capable de démêler la complexité de la décision publique.

Le rassemblement des preuves

On a vu que sur le fonds, le procès administratif était appréhendé par les victimes comme mettant en œuvre un droit de l'indemnisation (cf. Titre I). Du seul point de vue procédural, en outre, la procédure administrative n'est pas exempte de difficultés pour les victimes. Quelques-unes peuvent être énumérées : pour raison d'encombrement de la juridiction, la nullité d'un acte administratif illégal, demandée par la victime, par le truchement de son conseil le plus souvent, peut n'intervenir que plusieurs années après la requête, dans le cas où l'affaire est simple et reste au stade du tribunal administratif. Il en va autrement quand la collectivité fait appel et que l'affaire finit en définitive devant le Conseil d'État, ou même simplement, lorsque la mauvaise volonté de l'administration condamnée rend difficile la mise en œuvre et l'exécution des décisions du juge administratif. De surcroît, certains domaines de droit public étant exclus du bénéfice du sursis à exécution rapide, celui ci peut intervenir alors que l'illégalité est déjà réalisée (exemple en matière d'urbanisme), ce qui conduit à une absence de sanction directe et au recours à une réparation par équivalent. Encore faut- il pour obtenir gain de cause dans ce contentieux devenu indemnitaire, pouvoir faire état d'un préjudice direct et certain ; H. Perinet-Marquet fait à juste titre remarquer, dans un article appliqué à l'urbanisme, que des violations publiques du droit de l'urbanisme, attaquées pour excès de pouvoir n'entraînent pas même en cas de victoire de conséquences financières importantes pour une collectivité fautive [132].

Parallèlement, le droit pénal représente « le moyen qui reste quand la fuite devant les responsabilités de ses interlocuteurs ne permet plus à une victime d'obtenir une explication sur les causes de son malheur, (...) que toute explication claire et sincère est refusée ». C'est alors à la Juridiction pénale que l'on recourt pour combler le vide, et à travers elle, au juge d'instruction qui « a le pouvoir de faire la lumière sur les faits, d'obtenir un débat contradictoire, y compris lorsque sont en cause l'administration et « les politiques » »[133]. Il est vrai que dans de nombreux cas d'espèce, le juge d'instruction, par la possibilité qui lui est donnée de procéder à des investigations poussées, de demander des pièces à l'administration... est plus puissant (et serait plus efficace ?) que n'importe quel juge administratif. Ce dernier, saisi d'une action en recours pour excès de pouvoir administratif, comme d'une demande d'indemnité en recours de plein contentieux par exemple, se limite aux mémoires, et n'est guère en mesure d'obliger l'administration à fournir des pièces ; il est alors beaucoup plus difficile au justiciable d'obtenir des preuves. Or la preuve conserve une importance capitale en matière de responsabilité.

Comment s'articulent à l'intérieur du procès pénal, les relations procès - preuve ? Le procès pénal, comme tout procès, est lié par la preuve, qui se constitue par tout moyen devant le juge pénal. Ainsi par exemple, avec la disparition des délits matériels, la preuve de l'intention coupable s'est vue généralisée, elle est d'ailleurs l'affaire du Ministère public. Quant au cas d'infractions d'abstention ou de négligence, le défendeur (notre agent public) devra rapporter la preuve de ses diligences, à savoir, la preuve de sa bonne gestion.

Dans toute situation où le domaine dans lequel s'inscrit l'infraction sera technique, la preuve scientifique et technique va être

---

[132] L'auteur cite le cas de l'implantation d'un bâtiment sur site classé ou non classé qui cause un préjudice aux promeneurs et personnes intéressés à la protection de la nature: elles ne peuvent rien réclamer à l'administration faute de préjudice direct quantifiable ; les associations agréées, elles, n'auront de même qualité à agir qu'en invoquant un préjudice moral, au mieux chichement obtenu. Cf. Hugues Perinet-Marquet, « *l'inefficacité des sanctions du droit de l'urbanisme* », Dalloz 1991, 6ème cahier, Chron. p.41-42..

[133] Jeannine Hermann, op. cit. p.195.

indispensable ; à cet égard, recours est fait à l'expertise. Pour autant, on omet facilement que le coût d'une telle expertise peut être hors de portée des victimes. On peut noter ici que l'expertise pénale non contradictoire est moins onéreuse que l'expertise civile où que l'expertise administrative, élément de nature à conduire la victime à porter plus volontiers le litige technique devant un juge pénal que devant un juge administratif.

Enfin, procédant de cette même idée que le juge pénal devient le juge qui sait où qui est à même de savoir, sur la base de l'efficacité de son instruction, il faut faire état d'un élément supplémentaire. La recherche des responsabilités engagée par le juge pénal, en pratique par un juge d'instruction, va parfois extrêmement loin : ce qui contribue à découvrir plus efficacement les causes d'un accident et le rassemblement des preuves. A partir de l'information judiciaire, le processus juridique est lancé. Il faut noter aujourd'hui une inflexion des pratiques des magistrats qui recherchent en cas de sinistre et de catastrophe, au delà du fait générateur immédiat, les dysfonctionnements possibles de l'appareil et de l'activité administrative, notamment dans les activités de contrôle et de surveillance qui incombent à l'administration. Cette recherche des responsabilités pénales peut même se poursuivre jusqu'à des procédures de concertation internationales (cf. l'information ouverte en mars 1978 à Brest à l'occasion de l'affaire Amoco Cadiz... ou pour pollutions transnationales par exemple), particulièrement suite à des accidents écologiques, où cette fois, ce sont l'État, la collectivité publique ou même privée qui sont victimes. Concernant ce point, l'arsenal législatif [134] a d'abord facilité « un accès au procès pénal pour des collectivités publiques dans la situation de victimes après des catastrophes souvent écologiques influant sur des questions de sécurité ou d'intégrité du territoire de la commune »[135]. Néanmoins, par une sorte de glissement qui n'en est pas un, et au vu des

---

[134] Droit de l'urbanisme, lois sur les déchets et installations classées, la loi sur les risques majeurs du 22 juillet 1987 modifiant l'article 2-7 des collectivités publiques. Cf. pour ces exemples et sur cette question, Christian. Huglo, «*Les délits liés au manque de précaution: risques et environnement* », Les petites affiches, 15 févr. 1995 , p. 24.

[135] Ibidem p. 24.

évolutions jurisprudentielles actuelles, se profile l'impression que l'avenir verra l'agent public bien moins souvent dans la position de victime que dans celle de responsable pénal sur la base des pouvoirs dont il est titulaire.

Un juge capable de démêler la complexité de la décision publique

Face à une décision publique qui se caractérise par une complexité croissante, le juge pénal semblerait peut-être le mieux placé pour démêler l'écheveau des responsabilités pénales.

Une des plus grosses difficultés peut-être qui se pose à la Juridiction pénale reste incontestablement constituée par la question de l'identification des responsables pénaux d'une décision publique. La théorie générale de la responsabilité veut que le droit doive démontrer pour reconnaître une responsabilité, le fait générateur, le lien de causalité et le dommage ou préjudice. Le juge pénal à la recherche de la responsabilité pénale d'un agent public, est tenu par les tenants et aboutissants de cette théorie générale, mais il l'applique à un objet particulier : la décision publique administrative. Et même si l'on relève de manière récurrente dans les ouvrages de droit public et de droit pénal que le juge pénal ne connaît que du fait personnel de l'agent public, la décision publique administrative (prise par l'agent public) constitue un élément de l'action politique. Mais il n'y a aucune action politique, aucun fait politique autonome qui ne soit lié, rattachable, imputable, à un individu ; à la base de toute responsabilité (pénale d'un décideur public), il y a en effet une décision ou une action, positive, voire négative constituée alors par la carence à agir ou le retard à agir d'un individu.

Il faut s'arrêter sur les caractéristiques spécifiques de cette responsabilité « publique » susceptible de constituer le fait générateur de la responsabilité pénale du décideur public. Le juge pénal devra apprécier une responsabilité fondée sur l'action politique sur la base de la décision politique et/ou publique. Or, la décision publique se voit doublement marquée, à la fois par *la complexité du processus de décision*, et par *le caractère collectif de la décision* [136].

- ***la complexité du processus de décision***

A la base de toute action publique administrative, il y a la décision publique marquée par la complexité du processus décisionnel. On le voit, le processus de décision et les mécanismes qui gouvernent la prise de décision par l'autorité publique ne relèvent plus seulement d'une vision marquée par la taylorisation, celle d'une organisation libérale du pouvoir, divisée en phases progressives et linéaires : phases de préparation, de choix et exécution... phases marquées à la fois par la liberté du décideur (sa volonté propre) et la rationalité de la décision... pour une meilleure décision possible.
En réalité, l'action publique et la décision politique doivent être envisagées sous une approche organisationnelle : toute décision intervient dans un contexte d'organisation faisant intervenir une multitude d'acteurs poursuivant des stratégies communes ou divergentes. La décision publique prend alors la forme de la recherche du consensus, au moyen de la transaction ou de l'arbitrage (le décideur politique étant d'abord soumis à un impératif d'action), plutôt que la forme de la meilleure décision. Mais la décision publique peut aussi relever de l'absence de décision par « inertie ou blocage fonctionnel » ou du fait de l'action conjuguée de groupes de pression.

- ***le caractère collectif de la décision***

Le caractère collectif de la décision se voit renforcé par sa diffusion au sein d'un système administratif bureaucratique. Il s'agit d'abord d'une diffusion structurelle, à savoir de haut en bas en vertu du principe hiérarchique et de la subordination. On est parallèlement face à une diffusion horizontale de la décision publique en vertu de la répartition géographique des autorités déconcentrées à même niveau de compétence. La réforme de

---

[136] Cf. Les développements de ces deux aspects dans l'ouvrage du professeur Philippe Ségur, « *La responsabilité politique* » Que sais je, op. cit. qui ont inspiré ces paragraphes.

l'administration territoriale a contribué à accentuer le caractère pluriel des décisions

C'est le caractère centralisé de la décision publique, et donc de la responsabilité pénale des décideurs publics, qui domine le plus souvent : en effet, pour déterminer l'autorité décisionnelle et identifier le ou la personne responsable, le juge remonte l'échelle des pouvoirs jusqu'au sommet politique. Le propre de la centralisation n'est-il pas d'être accompagnée de cette tendance à désigner les autorités politiques comme des responsables clairement identifiables. La centralisation implique que face à une décision un seul est réputé l'avoir prise...

Cependant, la complexité de l'organisation politico-administrative brouille à nouveau les cartes : même centralisée, la décision publique ne s'exonère pas du besoin de consensus, des cas de blocages et de l'usage de mécanismes divers comme la délégation de signature. Nombre de décisions, du fait de leur technicité par exemple, amènent le décideur public à user de la délégation de signature[137]; en vertu du système hiérarchique toujours, la décision, et le poids de ses conséquences portent alors, comme l'expose le professeur Philippe Ségur, sur une multiplicité d'agents publics, jouant le rôle de « fusibles[138] » lors de la recherche de la responsabilité politique. Ceci ne satisfait pas nécessairement les exigences de justice des victimes et de la société civile [139].

---

[137] On distinguera bien ici deux types de délégations car elles emportent conséquences en matière de responsabilité:
- par *la délégation de pouvoir* ou *de compétence*, « une autorité administrative se dessaisit dans les limites légales, d'un ou de plusieurs de ses pouvoirs, en faveur d'un autre agent qui les exercera à sa place ; cette délégation est impersonnelle et l'autorité se dessaisit donc totalement ; le délégataire est seul responsable. Reste que le délégant qui conserve le pouvoir hiérarchique, peut voir sa responsabilité engagée à titre accessoire, si le délégataire est incompétent par exemple.
- par *la délégation de signature*, une autorité administrative habilite, dans les limites légales un autre agent à exercer concurremment avec elle, un ou plusieurs de ses pouvoirs. La délégation est ici nominative: le délégant garde la responsabilité de la décision, celle ci étant prise en son nom. (Exemple: une décision prise au nom du ministre ; étant précisé que seul un directeur de cabinet peut disposer d'une délégation de signature. En terme de responsabilité, si une décision positive est constitutive d'une infraction, le ministre doit dénoncer le délégataire, sinon il est responsable lui même ; s'il y a carence à agir, ministre et délégataire sont coauteurs de l'infraction.

[138] Cf. Philippe Ségur, « *La responsabilité politique* », *Que sais- je ?*, PUF 1998.

[139] Au titre des nombreuses affaires témoignant d'un dégagement de responsabilité sur les agents administratifs, peut-on citer, à l'instar du professeur Philippe Ségur:

On mesure combien isoler les acteurs à l'origine de la décision publique relève du défi pour le juge pénal, qui, face à une situation inextricable, est à la fois obligé, et le plus en mesure, de « démêler l'écheveau des responsabilités » et d'identifier les responsables présumés.

Enfin, le recours au juge pénal semble permettre désormais d'aller au-delà de « l'Acte administratif ».

2. Au-delà de l'acte administratif, le juge pénal...

La jurisprudence classique n'a pas perdu une occasion de renvoyer le juge judiciaire dans ses cordes dans le cas où l'activité de ce dernier déborderait sur la sphère administrative. Ainsi par exemple, sait-on que les pouvoirs du juge judiciaire sont limités par les autorisations administratives déjà délivrées [140]. Autrement dit, au-delà de l'acte administratif (exorbitant du droit commun), il n'y a longtemps eu rien, sinon les insuffisances redoutées du recours au juge administratif en cas de litige impliquant l'administration. Désormais, l'extension des pouvoirs du juge répressif dans des domaines où intervient l'activité administrative, permet d'aller au-delà de cet acte administratif, à savoir d'obtenir des mesures coercitives[141].

Cette affirmation évoque une réalité juridique tangible, même s'il ne s'agit pas de faire apparaître le procès pénal comme une occasion de trouver des victimes administratives expiatoires ; on a pu voir effectivement que le procès pénal organise éventuellement deux responsabilités pénales, celle de l'agent

- l'affaire du sang contaminé, à ses débuts, où seule la responsabilité de hauts fonctionnaires va être engagée, à savoir, celle des docteurs Michel Garetta et jean pierre Allain, (respectivement, directeurs du CNTS et chef du département recherche du CNTS), Jacques Roux, (directeur général de la santé), et Robert Netter, (directeur du laboratoire national de la santé) ; condamnés par jugement de la Cour d'appel de Paris du 13 juillet 1989.
- dans l'affaire Schuller-Maréchal, dont l'instruction en mars 1995, révèle l'irrégularité d'écoutes téléphoniques, une seule responsabilité d'ordre politico- administratif est retenue: celle du directeur de la Police Judiciaire dont la démission sera demandée. Le premier ministre de l'époque, Edouard Balladur, mis en cause par la presse, avait pourtant reconnu, et l'irrégularité de ces écoutes, et le fait qu'il les avait autorisées. Cf. Philippe Ségur, « *La responsabilité politique* », *Que sais-je ?*, PUF 1998.

[140] T.C., 23 mai 1927, Sirey 1927, 2ème partie, p.94.

[141] Christian. Huglo, op. cit. p. 23.

public, de l'élu... et celle de la personne morale de droit public, qui ne sont pas exclusives l'une de l'autre. Des dispositions sont prévues à l'intérieur du nouveau code pénal, comme dans le code de procédure pénale, pour que soient représentés au procès pénal et l'agent public et la personne morale. De même, le juge pénal retient différents modes de participation de l'agent public à l'infraction pénale ; *en qualité d'auteur* d'abord ; ainsi tout agent public à la tête d'une administration en cause : ministre, directeur d'un établissement public, élu local... peut être déclaré auteur de l'infraction si les faits qui lui sont reprochés sont susceptibles de recevoir une qualification pénale. Dans plusieurs affaires, on a bien l'impression que ce sont les méthodes que le droit pénal a élaborées dans le cadre de la responsabilité pénale du chef d'entreprise qui sont peu ou prou transposées à un contexte de droit public (théorie du dirigeant de fait, et critère du pouvoir dans l'organisation, absence de responsabilité du délégataire s'il n'avait pas compétence ou l'autorité nécessaire...)

La responsabilité de l'agent public peut aussi être celle d'un *coauteur*, ou encore être retenue *à titre de participation accessoire* à l'infraction, lorsque l'agent public, sans avoir commis l'infraction principale, en a suscité ou facilité l'accomplissement ; il agit alors en tant que complice ou receleur. La complicité [142] est à même de recouvrir bien des situations qui sont presque intrinsèquement liées à l'administration, référence faite ici à la complicité par « ordre, abus d'autorité ou de pouvoir ». En outre, à l'intérieur d'une structure administrative, les agents publics, sans être directement responsables d'une décision ou d'une omission à agir, pourront voir leur responsabilité pénale retenue pour avoir favorisé la commission d'une infraction, du fait de « leur passivité et (de) leur silence » pour non dénonciation de crime ou de délit et non assistance à personne en danger (art. 223-6 NCP) [143].

---

[142] Cf. art. 121-7 NCP, « Est complice d'un crime ou d'un délit la personne qui sciemment, par aide ou assistance, en a facilité la préparation ou la consommation.
Est également complice la personne qui par don, promesse, menace, ordre, abus d'autorité ou de pouvoir aura provoqué à une infraction ou donné des instructions pour la commettre. »
[143] Sur cette question, Cf. Emmanuel Breen, « *Responsabilité pénale des agents publics: l'exemple de l'affaire du sang contaminé* », AJDA 20 novembre 1985, p. 790.

Enfin, lorsque le procès pénal débouchera sur des condamnations pénales, les peines infligées aux agents publics, ou, comme dit le code, aux titulaires d'une fonction publique, sont celles d'emprisonnement, d'amende et de peines complémentaires touchant à la qualité publique de l'agent (art. 432-17 NCP) ; on y remarque la privation des droits civils et civiques[144] donc l'inéligibilité, et l'interdiction d'exercer une fonction publique[145]. La responsabilité de la personne morale peut, elle, être sanctionnée par des peines d'amendes importantes et d'autres peines telles la fermeture de la personne morale, sa dissolution... Il existe pour autant certains délits, tels le délit de favoritisme (art. 432-14 NCP) ou celui de prise illégale d'intérêt (art. 412-12), qui, n'étant pas prévus par « la loi ou les règlements », ne peuvent entraîner la responsabilité de la personne morale, ni comme auteur, ni comme complice ; ce sont alors en pratique maires et élus locaux qui supporteront seuls leur responsabilité pénale.

En sus de l'efficacité de l'instruction pénale, la méthode pénale se construit sur le fondement d'une faute pénale, pour ainsi dire, globalisante.

B. La faute pénale globalisante

L'activité de tout agent public, de tout élu, y compris le maire, s'exerce dans le cadre de *pouvoirs* de puissance publique. Elle se voit déterminée à l'intérieur des textes juridiques administratifs qui ne relèvent pas de l'ordre pénal et est soumise, comme telle, à la compétence du juge administratif. Pour autant l'activité administrative comprend-elle aussi des devoirs et « c'est la reconnaissance de ces devoirs qui donne prise au droit pénal lorsqu'elle correspond à une incrimination qui trouve son origine dans une faute pénale ». C'est alors d'abord sur les caractéristiques de cette faute pénale qu'il y a nécessité de s'arrêter. Ce sont celles d'une faute pénale globalisante, au sens où la faute pénale vient à

---

[144] art. 131-26 NCP.
[145] art. 131-27 NCP.

cerner véritablement l'activité administrative et englobe, en définitive, la faute administrative.

1. Caractéristiques

Ne seront retenus ici que les aspects de la faute pénale de nature à contribuer à une analyse de la responsabilité des agents publics.

La faute pénale donne à voir deux aspects complémentaires. Il semble qu'il y ait d'un côté, la faute intentionnelle sans difficulté particulière, et de l'autre, la faute non intentionnelle. La faute non intentionnelle est alors constituée par la maladresse, l'imprudence, qui sont des fautes positives, de commission, au cours d'une action dommageable ou encore l'inattention, la négligence, qui correspondent à des fautes par abstention ou omission. En outre, *le cas de manquement à une obligation de sécurité ou de prudence* peut, lui, être intentionnel (cf. l'attitude délibérée), voire non intentionnel (cf. dû à une méconnaissance des textes...). Enfin peut-on faire mention du cas particulier de *la mise en danger d'autrui* qui est d'application plus stricte que l'incrimination des atteintes générales involontaires comme celles de l'article 221-6 NCP relatif aux homicides et blessures involontaires. La mise en danger d'autrui implique en effet que soient intervenus - le manquement à une obligation particulière de sécurité ou prudence - imposée par la loi ou les règlements - la violation manifestement délibérée - et enfin qu'une mise en péril d'autrui existe.

Il faut dire ensuite que s'il n'y a guère de degrés, mais plutôt une classification en fonction de sa nature, dans la faute pénale, il n'y a pas non plus de degré dans la responsabilité ; c'est-à-dire qu'en matière pénale, la plus petite faute est susceptible de mettre en jeu la responsabilité pénale de l'individu et donc de l'agent public[146]. De plus, du fait de la théorie de l'équivalence des conditions, la faute n'a pas à être la cause principale du dommage, elle peut n'être qu'un maillon de la chaîne causale qui a provoqué le dommage. En définitive, la responsabilité pénale d'un agent

[146] Jacqueline Doménach, op. cit..

public peut être retenue alors qu'elle « ne porte plus sur le caractère intentionnel de la faute commise par le fonctionnaire ; mais en outre, elle peut, au nom de *la théorie de l'auteur médiat*, affecter un fonctionnaire qui n'est pas l'auteur direct du dommage [147] ».

Au-delà de ses caractéristiques spécifiques, la faute pénale se présente comme globalisante aux dépens de la faute administrative.

2. *L'absorption de la faute administrative dans la faute pénale*

Il peut se révéler intéressant de comparer la manière avec laquelle les juges administratif et pénal appréhendent « la faute » présumée de l'agent public. De son côté, le juge administratif a limité la qualification de faute personnelle pour des actes commis par un fonctionnaire dans l'exercice de ses fonctions. En effet, pour qualifier un comportement de « faute personnelle », il fallait que l'agent agisse « dans un intérêt privé ou avec un excès de comportement [148]», sinon que la faute soit d'une exceptionnelle gravité. Pour une application par le Conseil d'État, cf. CE. Sect., *6 janvier* 1989, *Société des automobiles Citroën,* RFDA 1989, p. 871, Concl. Tuot. Ainsi des situations relevant d'une attitude d'imprudence, de négligence, de manquement à une obligation de sécurité ou de prudence, même graves, n'entraînaient pas la qualification de faute personnelle par le juge administratif.

On s'aperçoit actuellement que la timidité de la faute personnelle ne va pas de paire avec la faute pénale proprement dite ; la faute pénale, a contrario de la première, tend à se développer et cherche à englober les autres fautes. Elle semble englober désormais en particulier la faute administrative : sous la forme d'une faute pénale d'imprudence, de négligence, de manquement à une obligation de sécurité ou de prudence..., *la faute pénale cerne véritablement l'activité administrative*, aussi bien

---

[147]147 R. Ramiro, « *La responsabilité pénale des préfets et sous préfets* », Administration, n° 161, oct. Déc. 1993, p.156

[148] Jacqueline Doménach, op. cit.

dans ses aspects de *police administrative* que dans ses aspects de *gestion administrative.*

Quant au premier aspect, celui de la police administrative, on se trouve alors en présence d'un agent public, d'un élu, qui prend des décisions et réalise un certain nombre d'actions mettant en œuvre la puissance publique, sur la base d'un commandement, pour assurer l'ordre, la sécurité, la sûreté, la salubrité publique (cf. Supra). Le second aspect, celui de la gestion administrative, fait référence au fait que l'agent est amené à réaliser des opérations qui contribuent à la marche du service public, comme la réalisation de travaux et d'ouvrages publics, la passation de contrats publics ou la poursuite d'activités économique diverses...[149]. Dans l'hypothèse de la réalisation d'un risque de travaux publics aux dépens d'un tiers par exemple : la responsabilité de la collectivité, comme maître de l'ouvrage va être retenue par le juge administratif sur le fondement juridique du risque à l'égard des tiers, et pour défaut d'entretien normal présumé à l'égard d'un usager. Pour autant, ces deux fondements de la responsabilité administrative, minutieusement élaborés par la jurisprudence au sein du cadre original du régime des travaux publics viennent se *fondre* dans la responsabilité pénale, sur la base du simple manquement à une obligation de sécurité. Il suffit de deux articles du Nouveau code pénal, respectivement 221-6 et 222-19, -20, pour englober un régime original de responsabilité administrative... sous réserve à l'évidence, que tous les éléments de l'incrimination pénale soient présents.

Enfin, la recherche de l'éventuelle responsabilité d'un agent qui est pourtant un agent public donne à voir une logique administrative reléguée.

---

[149] Pierre Dévolvé, Synthèse du colloque de L'ASTRAFI du 24 juin 1994 relatif à la responsabilité pénale des maires et des élus, Les petites affiches, 15 févr. 1995.

§.2. La logique administrative reléguée au profit de la méthode pénale

Les règles de la responsabilité pénale sont parfois difficilement compatibles avec le contexte de droit public. Le raisonnement pénal qui préside à la reconnaissance de la responsabilité pénale de l'agent public est parfois différent de la logique qui anime l'activité administrative ; un exemple, celui de l'invocation par l'agent public de faits qu'il pense être *des faits justificatifs* devient, dans cette perspective, particulièrement intéressant. L'incompatibilité, sinon le heurt des méthodes, paraît également perceptible au niveau des différences de langage ; le sens pénal donné à une notion ne coïncidant pas nécessairement avec la manière dont cette même notion est appréhendée en droit administratif, les agents publics ont du mal à saisir la nature exacte de la faute qui leur est reprochée. Sentiment qui s'accompagne parfois de l'impression que le sacro-saint principe de légalité criminelle fait défaut lorsque c'est l'un des leurs qui se voit en position d'accusé.

A. La différence dans le raisonnement juridique : l'exemple tiré des « faits justificatifs »

Les agents publics, les fonctionnaires, ont ainsi tendance à faire état de mécanismes propres au droit public pour s'exonérer de cette responsabilité pénale que l'on cherche à leur imputer ; ils se voient alors « beaucoup plus exposés que ne saurait leur révéler leur culture pénale[150] ».

De façon dogmatique, il est vrai que la légalité (entendue au sens large), dans la sphère administrative, est pleinement constituée par le *principe dit de légalité*, « véritable pierre angulaire de l'action administrative [151] ». Parallèlement, la réalité juridique administrative, c'est moins la loi, « que la manière dont elle est appliquée, (que) l'interprétation que l'on en fait...(…) ».

[150] Cf. Josiane Spitéri, « *Du fait du prince à la responsabilité pénale, ou de l'Etat de droit* ». D. 1993. Chron. p. 242.
[151] Cf. Emmanuel Breen, op. cit. p. 785.

C'est « cette jurisprudence de l'administrateur qui est le plus souvent la véritable réalité juridique[152] ». Ces deux aspects mettent en tout état de cause à la charge du fonctionnaire l'obligation d'obéir et la soumission à la surveillance du supérieur. C'est là *l'obligation d'obéissance hiérarchique* sous peine de sanctions disciplinaires.

L'agent public est souvent amené, lorsque sa responsabilité pénale est recherchée suite à la réalisation d'un dommage, à évoquer cette légalité administrative, comme un fait justificatif destiné à l'exonérer de sa responsabilité et à la transférer vers son supérieur. Emmanuel Breen fait remarquer qu'il s'agit là d'une vision erronée de la légalité administrative sous la forme d'un simple « emboîtement de normes de plus en plus précises, toute norme étant justifiée dés lors qu'elle est prise pour l'exécution d'une norme supérieure »[153].

Or, d'un point de vue purement pénal, seuls quelques faits justificatifs seraient de nature à exonérer un agent public ayant agi, où n'ayant pas agi : à savoir, *le fait d'avoir eu son comportement soumis à l'empire d'une force telle*, ou à *une contrainte* l'empêchant de résister (art. 122-2 NCP), *l'erreur de droit* (art. 122-3 NCP), *l'acte accompli commandé par l'autorité légitime à condition qu'il ne soit pas illégal* (art. 122-4 al. 2 NCP) ou *l'acte prescrit et autorisé par des dispositions législatives ou réglementaires* (art.122-4 al.1 NCP). Aussi, dans la pratique juridique pénale, l'agent public n'est pas exonéré s'il agit sur autorisation de la loi [154], car en ce cas, il est considéré garder une part de liberté lui permettant de faire le choix de la décision ou de l'action qui n'est pas dommageable. L'autorisation, si elle met l'agent en position de commettre une infraction, ne l'exonère pas pour autant. L'exemple du sang contaminé[155] est ici exemplaire du « dialogue de sourds » qui peut s'installer : le docteur Garetta invoque par le biais de ses avocats *la légalité administrative,*

---

[152] Josiane Spitéri, op. cit. p. 241.

[153] Cf. Emmanuel Breen, op. cit. p. 785.

[154] C'est seulement l'ordre de la loi, qui, parce qu'il est de nature à supprimer la liberté de l'individu, produit un fait justificatif.

[155] Emmanuel Breen op. cit. p. 785, rappelle ces arguments tirés de l'ouvrage de Laurent Greilsammer « *Le procès du sang contaminé* ». Ed. Le monde 1992, p. 117.

précisément en l'espèce, l'argument tiré de la légalité de l'action du C.N.T.S., l'agrément administratif dont bénéficiaient les produits sanguins et l'absence de recommandation des autorités de tutelle représentées par la Direction générale de la santé. Il déclarait d'ailleurs « je n'ai pas su être hors la loi [156] ». Pour autant, la Chambre criminelle de la Cour de Cassation[157] va aller au-delà de cette argumentation, en rappelant que « ni le respect formel de la réglementation en vigueur, ni la tutelle de l'État sur le CNTS ne sauraient exonérer les agents de cet établissement du cas de tromperie, de leur responsabilité pénale à raison de leur fait personnel [158] ».

On peut à cette place ouvrir une parenthèse et s'interroger à l'instar du professeur François Féral [159] sur la qualification surprenante donnée par la juridiction pénale à ce fait personnel des docteurs Garretta et Allain : à savoir, « la tromperie sur les qualités substantielles du sang contaminé par le virus du sida », sur le fondement de la loi de 1905 sur les fraudes et les falsifications ! La responsabilité pénale des médecins sur le fondement d'une telle incrimination s'explique sûrement pour raison de commodité : parce qu'elle permettait une adéquation toute relative, sinon la moins lointaine et insatisfaisante qui soit, entre le comportement des responsables et la qualification pénale extrêmement difficile à réaliser des dits comportements.

Qu'arrive t-il lorsque l'autorisation ne permet plus seulement la commission d'un acte qui constitue une infraction, mais où l'autorisation « vise précisément le comportement que la loi pénale réprime[160] ». En général [161] dans un tel cas, l'autorisation ou l'agrément ne joueront pas comme faits justificatifs. On le voit, du côté pénal, les mécanismes de tutelle, l'obligation hiérarchique,

---

[156] Laurent Greilsammer p.117.

[157] Donc la Juridiction pénale.

[158] Cass. Crim.22 juin 1994, req. N° 93.83900. Bull. Cass. N° 248

[159] On se reportera avec profit à l'article du professeur François Féral, « *A propos de la condamnation des docteurs Garetta et Allain pour tromperie sur les qualités substantielles du sang contaminé par le virus du sida* ». Revue marocaine d'économie et de droit comparé n°20, 1993, p p.105-112, université Cadi Ayad, Faculté des sciences juridiques économiques et sociales. Marrakech.

[160] Emmanuel Breen op. cit. p. 786.

[161] Excepté le cas où le régime d'autorisation constitue une réglementation particulière en tant que régime spécial qui écarte l'application de la loi pénale.

ne sont pas appréhendés comme un moyen de déplacer la responsabilité de l'auteur du comportement vers l'autorité chargée de délivrer l'autorisation.

Plus récemment encore, l'affaire Maurice Papon illustre également la difficulté à faire admettre dans toutes les consciences y compris dans celle de l'agent public en cause, la responsabilité pénale du fonctionnaire agissant à l'intérieur de la sphère administrative sous couvert de l'obligation hiérarchique. Ce qui apparaît comme le procès le plus long de l'histoire judiciaire française (environ 17 années) s'est ouvert le 8 octobre 1997 devant la Cour d'Assises de la Gironde, qui a condamné Maurice Papon, ancien ministre et à l'époque des faits, secrétaire général de la préfecture de la gironde sous l'occupation, à dix ans de réclusion criminelle et dix ans de privation de droits civiques, civils et de famille, pour *« complicité de crimes contre l'humanité »*.

Maurice Papon, a propos de sa condamnation, évoquait « le tout ou rien » ; et entre le crime de bureau impliquant la réclusion criminelle à perpétuité, appelé par certains de leurs vœux, voire le réquisitoire du procureur général Henri Desclaux réclamant vingt ans, ou à l'opposé, l'acquittement pour Maurice Papon, il y a un verdict en nuances, un « demi-verdict », « une culpabilité tronçonnée » pour certains.

A certains égards, l'accusé a été exonéré de certaines responsabilités : ainsi, certaines périodes où la préfecture était « court-circuitée » par les allemands n'ont pas conduit à reconnaître sa responsabilité pénale ; le Ministère public n'a pas retenu sa responsabilité pour *complicité d'arrestation* de Léon Librach, l'ordre ayant clairement été donné par les allemands… De même, n'a t-il pas été reconnu par les jurés, coupable de *complicité d'assassinat*, n'ayant pas eu de volonté d'homicide. Pour autant, sa responsabilité pénale a été reconnue sur la base de la *complicité d'arrestations illégales et de séquestrations arbitraires* pour les rafles entre 1942 et 1944 ayant débouché sur quatre des huit convois de déportations de juifs de Bordeaux à Drancy, constitutives de *complicité de crime contre l'humanité*.

Au-delà du fait personnel de l'agent public, ancien secrétaire général de préfecture, c'est aussi le jugement de l'administration et une condamnation de l'appareil d'Etat de Vichy

qui a eu lieu. Même en ce procès exemplaire, un sentiment de malaise semble persister au sein d'une juridiction pénale qui procède à la condamnation d'un fonctionnaire ; il est mis en lumière par quelques argumentations des parties en présence :
celles des avocats de Maurice Papon en premier lieu. Me. Jean Marc Varaut de déclarer « il ne faut pas confondre *le serviteur de l'État* avec le milicien Paul Touvier ou le nazi Klaus Barbie ». Les avocats de l'accusé ont cherché, en défense, à relativiser la responsabilité de l'administration. Tout aura été évoqué, de la « théorie du bouclier » selon laquelle le Maréchal Pétain n'aurait cherché tout au long de l'occupation qu'à sauvegarder les intérêts de la France et à « garder la maison en attendant la République »[162], à l'évocation de la contrainte allemande, au défaut de connaissance, à l'ordre donné et à l'obligation hiérarchique...On peut citer les propos de Maurice Papon dans une ligne semblable, peu ou prou, à celle de ses défenseurs :
« (...) c'est l'Allemand qui a vaincu, avec son cortège de pressions, de menaces, de peur, de contraintes, de désespoir et finalement d'horreurs. ».« L'administration constituait le seul rempart face à l'occupant » ; Elle « sauvait ce qui pouvait être sauvé ». « (...)Que fallait-il faire ? personne ne le dit aujourd'hui. »

En l'espèce, les faits invoqués qui se voulaient être des *faits justificatifs* au sens pénal du terme, n'ont pas été en mesure de contrebalancer, ni les éléments en faveur de la responsabilité française (caractère autonome de la législation antisémite mise en place par Vichy en octobre 1940, rôle joué par l'administration et implication de certains fonctionnaires de Vichy dans l'application des principes nazis en France, refus qui aurait dû être opposé à des autres immoraux), ni la responsabilité de Maurice Papon.
En définitive, la problématique de ce paragraphe tient toute entière dans cet échange en différé Papon - Klarsfeld :
-*« Soyez attentifs à une mise en cause abusive de la responsabilité des fonctionnaires et des magistrats sur les fonctions de l'Etat (...)Tout pouvoir de décision et de gestion risquerait d'en être paralysé* [163] *».*

[162] Cf. Le monde, 3 avril 1998, p. 9.
[163] Maurice Papon s'adressant aux jurés avant l'annonce du verdict.

-« *C'est aussi un verdict qui s'inscrit dans l'avenir (...) L'administration de demain doit être une administration avec une conscience et une âme*[164] ».

Dans une espèce moins polémique, le 12 octobre 1993, le fait justificatif tiré de *l'erreur de droit* invoqué par un agent public n'a pas non plus été accepté par la chambre criminelle de la Cour de Cassation. Pourtant les éléments ayant conduit le chef du service des étrangers de la préfecture de l'Isère à commettre une erreur de droit : *donner un ordre illégal de rétention d'un étranger, objet d 'une décision de refus de séjour*, auraient pu s'expliquer à l'intérieur d'une logique strictement administrative ; le chef du service s'était contenté de suivre les recommandations de ses supérieurs hiérarchiques et de se conformer aux pratiques préconisées par une circulaire ministérielle. Le fonctionnaire n'en a pas moins été condamné sur la base de l'article 114 du code pénal, le juge pénal, affirmant « l'erreur de droit ne peut faire disparaître, quelle que soit la cause dont elle résulte, la culpabilité de l'auteur d'un acte illicite volontaire[165] ».
On mesure à cette jurisprudence combien la logique pénale va au-delà de la logique administrative puisqu'un fonctionnaire n'a plus seulement le devoir de se conformer à la loi du 13 juillet 1983 sur les droits et obligations du fonctionnaire, mais qu'il doit s'assurer, « par ses propres moyens, que les textes administratifs qu'il est censé appliquer en vertu du principe hiérarchique, n'enfreignent pas la légalité entendue dans son sens le plus large[166] »

Si l'examen de cas d'espèce révèle que le juge pénal ne semble pas se sentir tenu par la logique de l'action administrative, les différences d'interprétation entre les juges, en outre, n'apparaissent pas de nature à simplifier la relation entre la responsabilité pénale de l'agent public et l'idée qu'il se fait de ses agissements.

---

[164] Me Arno Klarsfeld, après le verdict.
[165] Cass. Crim. 12 octobre 1993, D. 1994, p. 130.
[166] Jean Viret, op. cit. p. 769.

B. Les différences de langage et d'interprétation

L'agent public ne sera pas toujours à même de saisir distinctement la faute qui lui est reprochée ; entre droit administratif et droit pénal, les divergences d'interprétations sont parfois fonction des différences de langage.

Dans une approche de type publiciste [167] par exemple, *le règlement* est un acte général et impersonnel émanant d'une autorité administrative qualifiée. Au pénal différemment, derrière le terme de règlement, seront englobées en plus des décrets et arrêtés pris par l'autorité administrative, des circulaires ou des instructions ministérielles, voire même des règles de nature déontologiques et professionnelles. La finesse et la sophistication dans la qualification pénale des comportements incriminés, tranche parfois avec l'interprétation du juge administratif. Ainsi en est-il quand il faudra apprécier, au pénal, si le comportement, de prime abord anormal, d'un agent public, constitue *une violation*, présentant, ou pas, le caractère d'une violation *manifestement* délibérée d'une obligation *particulière* de sécurité ou de prudence imposée par la loi ou *le règlement*... Surtout que ce nuancier pénal côtoie, sans complexe parfois, un certain relâchement en jurisprudence dans la définition des termes juridiques de la faute : on distingue mal ensuite si le comportement fautif relève de l'imprudence, de la négligence, de l'inattention... S. Charpentier fait de ce point de vue remarquer que pour les pénalistes, « tous les mots de la liste s'équivalent et (qu') il n'y a pas lieu de les dissocier [168] ». On ne s'étonnera pas logiquement non plus des différences d'interprétation entre les juges de la notion d'exposition à un risque et de l'appréciation de celle ci.

Le caractère précis des incriminations pénales est d'autant moins facilement saisi et accepté par les agents publics qu'il se présente comme flou. Or, le caractère de l'infraction reprochée au pénal est d'abord flou et mal défini, par le fait que cette infraction

---

[167] Par référence à un raisonnement juridique plus particulièrement propre au droit public.

[168] Cf. S. Charpentier, « *Contribution à l'étude de la faute pénale d'imprudence* ». Thèse Montpellier I, 1993, p. 10.

peut se poser contradictoirement aux principes du droit administratif et au domaine de la responsabilité administrative.
Le procès du sang contaminé à travers ses premières condamnations, et particulièrement *la notion de participation*, sur laquelle il faut revenir, illustre parfaitement le caractère flou de l'infraction qui peut être reprochée : alors qu'il existe une responsabilité individuelle, équipollente du fait des décisions prises par des organes collégiaux, sous couvert que la personne ait voté dans le sens de la décision dont a découlé l'infraction, la Cour d'appel de Paris a retenu *la participation au processus décisionnel*, et donc la responsabilité du docteur Allain, après constatation que ce dernier avait assisté à un certain nombre de réunions. A l'instar d'un auteur[169], on est en droit de se demander si le fait d'assister à une réunion à la suite de laquelle sera prise une décision contestable suffit à constituer, dans la perpective juridique, une faute. Pour autant, même si la Cour de Cassation a relevé que la notion de *participation au processus décisionnel* était trop imprécise, elle a rappelé également qu'il s'agissait d'une question laissée à l'appréciation des juges du fonds[170].

La défense de Maurice Papon a aussi invoqué le caractère flou de l'infraction reprochée en des termes explicites : « que me reproche t-on ? ». S'il est possible de sanctionner la carence à agir lorsqu'on sait ce qu'il faudrait faire et/ou ce que l'on a pas fait (cf. par exemple : la non assistance à personne en danger...), il reste beaucoup plus difficile, d'un point de vue strictement juridique et non polémique, d'incriminer l'omission, la non action d'agents publics, si cette carence était légale du point de vue administratif et s'il n'est pas possible de faire précisément état du décalage entre le comportement fautif et celui que l'agent aurait dû avoir.

---

[169] Sur cette question, Cf. Emmanuel Breen, « *Responsabilité pénale des agents publics, l'exemple de l'affaire du sang contaminé* » op. cit. p. 790.
[170] Tribunal de première instance et Cour d'appel.

Section. II.

Les conséquences du phénomène sur le droit administratif : effets voulus et effets induits

Un des effets du développement de la responsabilité pénale des agents, comme des structures de l'administration, prend la forme d'un risque : le risque pénal, qui pourrait bien conduire à une réduction de l'office du juge administratif et du champ d'application du droit administratif en tant que construction originale et droit dérogatoire au droit commun. Sans pour autant en arriver à déposséder le juge administratif de sa mission, il faut bien reconnaître que la responsabilité pénale des agents publics se pose actuellement comme un facteur supplémentaire de transformation de l'action administrative.

§.1. La réduction de l'office du juge administratif et du champ d'application du droit administratif

Une dangereuse réduction de l'office du juge administratif et corrélativement du champ d'application du droit administratif, n'est-elle pas de nature à se produire lorsque le juge pénal débouche sur la scène administrative et vient constituer une sorte de deuxième juge de l'administration ? Tandis que la responsabilité pénale vient s'inscrire au sein d'une distinction déjà en déclin, la distinction entre le (droit)public et le (droit) privé.

A. Un deuxième juge de l'administration

Le juge pénal fait désormais office d'un deuxième juge de l'administration en ce qu'il devient un nouveau juge de la légalité. Dans quelle mesure, en outre, ce juge en charge de l'appréciation de la gestion administrative ne devient pas un véritable juge de l'opportunité des choix publics ? Ne va t-on pas pour l'avenir vers un second rôle pour la justice administrative ?

1. Un nouveau juge de la légalité

Le nouveau code pénal en 1994 est venu clarifier les incertitudes jurisprudentielles qui auraient pu rester sur ce point. Le juge pénal bénéficie désormais d'une plénitude de juridiction pour l'examen de la légalité des actes administratifs sur la base de l'article L.111.5 NCP qui lui reconnaît compétence pour « interpréter les actes administratifs, réglementaires ou individuels et en apprécier la légalité lorsque, de cet examen, dépend la solution du procès pénal qui lui est soumis ». En définitive, le juge pénal devient le (deuxième) juge des autorisations administratives ; c'est là une compétence qui sera largement utilisée puisque dans de très nombreux cas, ce sont des questions liées à une autorisation administrative qui recouvrent l'objet du procès en responsabilité pénale. Il semble alors que de jure et/ou de facto, le glas ait sonné pour la pratique de la question préjudicielle du juge pénal au juge administratif.

Cette expression d'un changement en profondeur s'inscrit dans une idée qui, si elle fait son chemin, choque encore : l'idée qu'il existe une responsabilité pénale du fait de la décision administrative, ou du fait des activités résultant de la décision.
Quoi que l'on en puisse dire, le caractère autrefois souverain attaché à la décision administrative n'a pas complètement disparu dans les consciences et persiste au travers du rayonnement toujours actuel de certaines jurisprudences anciennes. De tradition, les décisions administratives ne bénéficient-elles pas, généralement et a priori, d'une présomption de légalité et d'un privilège dit de « l'autorité de la chose décidée » ? Une manifestation en est donnée par exemple en matière d'urbanisme par un arrêt du Conseil d'Etat[171] qui a refusé le caractère de faute personnelle au comportement de délivrer des renseignements erronés prenant la forme de certificats d'urbanisme. De même est-il si facile de concevoir qu'une décision prise par un maire, qui agit en vertu

[171] CE.,17 décembre 1965, *Jacquet*, R.D.P. 1966, p. 759, note Waline.

d'une délibération municipale ou en qualité de représentant de la personne morale de la commune, entraîne jusqu'à sa responsabilité *pénale*, à savoir la responsabilité la plus grave, de par sa nature infamante et de par les conséquences en terme de condamnation qui lui sont attachées.

D'aucuns ont d'ailleurs avancé l'argument de l'incapacité du juge pénal, à utiliser le contrôle de légalité, à connaître et à maîtriser les montages administratifs de plus en plus complexes, comme les subtilités du droit administratif. Il semble que pour notre part, cet argument sur la base d'une incapacité supposée du juge judiciaire, et pénal en particulier, à maîtriser « la technique administrative », n'est pas de nature à être longtemps retenu ; en effet, de longue date, le juge pénal a fait la preuve de sa capacité à maîtriser les domaines juridiques les plus techniques : n'est ce pas le cas des juridictions pénales spécialisées en droit pénal économique et financier ? certains objecteront que les affaires en ce domaine, nécessairement complexes, sont justement confiées à la juridiction pénale spécialisée en la matière. Ce qui semblerait conduire à cette idée qu'il faudrait, au minimum, des juridictions pénales spécialisées et plus particulièrement sensibilisées aux matières administratives.

Stigmatiser « l'incapacité administrative » de la justice pénale revient à s'éloigner de la réalité juridique qui donne la preuve quotidienne que le juge judiciaire « fait du droit administratif » et est amené à en faire. Prenons à titre d'exemple le cas du J.A.S., plus élégamment connu sous le nom de juge aux affaires sociales ; ce dernier est amené à connaître et à trancher le contentieux de la sécurité sociale, qui est en réalité un contentieux administratif. On peut rappeler pour mémoire quelques éléments de procédure : si les caisses opposent un refus de payer des allocations par exemple, il est possible à la personne déboutée de présenter un recours gracieux auprès de la commission des caisses de sécurité sociale. En cas d'échec, elle est admise à diligenter un recours contre la Sécurité, devant le juge aux affaires sociales qui est un juge judiciaire. Or, il s'agit bien là d'un *contentieux de l'acte* apparenté au *recours pour excès de pouvoir* ; le juge aux affaires sociales va d'ailleurs utiliser tous les outils du recours pour excès de pouvoir, plus précisément les outils sur lesquels repose le recours pour excès de pouvoir : à savoir, le contrôle de légalité interne et externe. Concernant le juge pénal proprement dit, nombreux sont les exemples où il manie, en fonction de son pouvoir de répression, des règles de nature administrative, à tel point que beaucoup d'auteurs évoquent sans hésitation l'expression de *droit pénal administratif*, pour qualifier ces situations.

2. *De l'appréciation de la gestion à l'émergence d'un juge de l'opportunité des choix publics*

- *Le juge de la gestion*

En sus d'être un deuxième juge de la légalité des actes administratifs, le juge pénal ne devient-il pas, parce qu'il en connaît, un juge de l'action et de la gestion administrative ? L'article 111-5 NCP peut le conduire au delà d'un simple contrôle de légalité d'un acte, puisqu'à l'occasion de la mise en examen d'un responsable public, il est mis en mesure, voire s'il ne le faisait pas de plein gré, contraint, pour rendre la justice, *d'apprécier l'ensemble de l'organisation et du fonctionnement de l'administration à travers ses agents, ses structures, son service...* L'agent public défendeur devant le juge pénal, devra administrer la preuve de ses diligences lors de décisions qu'il aura prises où lors d'activités administratives qu'il aura diligentées (cf. supra.) ; il s'agit, autrement dit, pour lui, *d'exposer sa gestion et de rapporter la preuve de sa bonne gestion.* Ainsi, les éléments juridiques de la gestion administrative constitués par l'ensemble des actes administratifs sont transférés à l'appréciation et à l'interprétation d'un juge pénal. Quant au juge administratif, dans son rôle de juge de la répression, il se défend d'être, en quelque part que ce soit, inféodé à l'appréciation d'un juge qui n'est pas le juge naturel de la gestion administrative : le Conseil d'Etat s'arc-boute et rappelle en jurisprudence « que le juge administratif n'est pas tenu par la qualification des faits, mais par la constatation des faits au soutien des décisions de condamnation[172] ». Pour autant, on voit mal

---

[172] Cf. Christian Huglo, op. cit. p. 28.

comment la juridiction administrative ne serait pas tenue par ce qui a été jugé au pénal.

En définitive, ce texte de l'article 111-5 NCP en donnant compétence à un juge pénal pour toute infraction pouvant être commise par l'agent public ou la personne morale de droit public, fait de celui ci « *un juge des comportements qui se rattachent au service public* ». Le lien de séparation entre contrôle de gestion et le contrôle de l'opportunité est ténu ; or, d'un juge de la gestion à un juge de l'opportunité des choix administratifs, il n'y a qu'un pas, même s'il est révolutionnaire… qui pourrait être franchi.

- *Un juge de l'opportunité des choix publics ?*

Il devient légitime de s'interroger sur le point de savoir dans quelle mesure le fait de juger d'un comportement d'un agent public dans une situation administrative donnée, et particulièrement s'il s'agit de l'attitude d'un décideur public, ne correspond pas à une appréciation de l'opportunité de la décision publique.

A cet égard, le juge pénal pénètre les mystères de la décision politique même au niveau le plus haut de l'État… ainsi lors de la recherche de l'éventuelle responsabilité pénale des anciens ministres dans l'affaire du sang contaminé. Ce qui était en cause était la responsabilité pénale du ministre en raison de ses décisions et de son éventuelle carence à agir, les pouvoirs de police détenus par lui le soumettant en contrepartie à une obligation positive d'action[173]. Dans cette affaire, le juge a relevé une double carence de la décision de l'autorité ministérielle :

---

[173] Le professeur Philippe Ségur, dans son ouvrage « *La responsabilité politique* », rappelle les grandes dates entourant cette responsabilité ministérielle:
Dès le 12 mars 1985, une note du docteur Jean- Baptiste Brunet de la Direction nationale de la santé fait état de la probabilité de contamination de produits sanguins utilisés pour la transfusion.
Un test de dépistage de la firme américaine Abbott existait et avait fait l'objet d'une demande d'enregistrement en France le 11 février. Ce test ne recevra l'agrément que le 24 juillet 1985.Ce retard issu d'une rétention administrative permettait ainsi au laboratoire Français Pasteur de lancer un produit identique et d'obtenir une homologation du test français avec un mois d'avance sur « le concurrent », soit en juin 1985.
Quant à la réponse politique qui fût apportée, on retiendra qu'Edmond Hervé déclara connaître le danger le 20 juin. Georgina Dufoix, ministre des affaires sociales et de la

- d'une part, le retard dans la décision ministérielle (plus d'un mois entre l'information de la situation et la prise de décision).

- d'autre part, le contenu insuffisant de la décision ministérielle qui se révèle avec le temps contribuer au développement de conséquences d'une toute autre envergure que celles qui pouvaient être envisagées.

L'abstention politique résultait certainement de la négligence proprement dite, mais aussi de l'intérêt déterminant porté aux variables économiques, dans le choix des politiques et des administratifs : en l'espèce, « plusieurs notes adressées au cabinet des ministres des affaires sociales et de la santé et à celui du premier ministre, attestent sans ambiguïté la primauté des impératifs économiques sur ceux de la santé publique à cette époque[174]. C'est là un élément qu'il nous a paru intéressant de retenir car il plonge le juge pénal au sein des finalités contradictoires de l'action administrative ; finalités contradictoires qui semblent augmenter au fur et à mesure de l'accroissement de la demande en besoins sociaux et de la complexité des secteurs à réguler. On aurait tort de croire que l'activité administrative « ne réalise pas dans certains cas, un choix entre les finalités de service public inconciliables »... et que la décision publique n'est pas aussi fonction de « calculs d'optimisation [175] ». Il faut néanmoins souhaiter qu'elle ne soit pas, *seulement*, fonction de ces calculs d'optimisation. Le Conseil d'État lui-même est venu éclairer la question[176] en reconnaissant que l'intérêt financier de l'administration, sans pouvoir être la finalité ultime de l'activité administrative en constitue cependant un but légitime ; ce but pouvant dans certains cas être privilégié et primer des intérêts privés contraires.

---

solidarité nationale, le 12 juillet. Quant à la réponse politique qui fût apportée, on retiendra que le 23 juillet, une circulaire relative au tarif de cession des produits sanguins va disposer que les produits non chauffés ne seront plus remboursables à partir du 1er octobre (démarche incitative).Une autre circulaire viendra rendre le dépistage obligatoire à partir du 1er août (démarche ferme).

[174] Cf. Philippe Ségur, « *La responsabilité politique* », op. cit. p. 114.

[175] Sur cette question, Cf. Emmanuel Breen, op. cit. p. 786.

[176] Ibidem.

Dans l'espèce du sang contaminé toujours, les finalités contradictoires de l'action administrative étaient constituées d'un côté, par l'obligation faite à l'administration, comme à ses médecins, de soigner et de garantir la santé publique, et de l'autre par les limitations budgétaires en matière de santé publique, mal compatibles avec le coût d'un arrêt immédiat de la production et de la destruction des stocks de produits non chauffés. Ce sont d'ailleurs ces calculs d'optimisation sanitaires que le docteur Garretta a invoqués en défense.

Qu'il s'agisse des moyens invoqués en défense par les ministres, ou bien des calculs d'optimisation sanitaires dont le docteur Garretta a fait état, c'est l'opportunité d'un comportement que doit apprécier le juge pénal. En réalité, ce que la juridiction pénale s'est vue en devoir d'apprécier pour les premiers, c'est l'insuffisance dans *la promptitude à agir*, et surtout l'opportunité du *contenu et la nature de la réponse publique et politique* à une difficulté. Et pour le second, l'opportunité qu'il y avait à faire dépendre la décision administrative d'un bilan coût- avantage mal à propos.

La juridiction pénale, en position d'apprécier la nature et le contenu de la décision publique au regard du facteur temps comme au regard du facteur risque - la décision administrative étant par nature évolutive dans ses conséquences - oscille ainsi entre sa *position renouvelée de juge de la responsabilité des agents de l'administration* et celle *d'un juge de l'opportunité a posteriori des choix publics et politiques*, qu'il ne s'autorise pas paradoxalement à contrôler.

3. Vers un second rôle pour la justice administrative ?

Le juge administratif n'apparaît pas actuellement menacé dans son statut. Il n'est pas impossible qu'il le devienne, un jour, dans sa mission. Si d'un côté, son inscription dans le paysage institutionnel français n'est que plus durablement consacrée par le statut constitutionnel qui lui a été reconnu, il est cependant à « craindre que le juge administratif ne soit plus saisi au titre classique de l'une des formes de la responsabilité administrative[177] ».

De tradition, et jusqu'à présent, les dysfonctionnements de l'administration relèvent normalement par principe de la compétence de la juridiction administrative. Et à l'intérieur de ce schéma, la responsabilisation des agents publics semblait trouver une issue dans la nature les rapports entre l'administration et ses agents, au travers notamment des notions de faute disciplinaire et d'action récursoire[178]; de son côté, « le juge pénal n'a lui à connaître que des infractions caractérisées [179] ». Pour autant, on se rend bien compte qu'une sorte de mutation se réalise au sein du régime des responsabilités, avec un rapprochement, une évolution du régime des responsabilités, *civile*, *pénale*, *administrative*, et *politique* vers une responsabilité plus fusionnée ; et c'est alors la faute pénale qui apparaît comme susceptible de fédérer, en les absorbant, ces quatre responsabilités. Pour exemple, la responsabilité politique qui s'apparente de plus en plus avec la probité ou le fait que l'on se dirige de plus en plus vers une responsabilité pour risque…

Alors pour peu que la moindre faute d'un agent public semble tomber sous le coup d'une incrimination pénale, et parce que le sentiment existe d'un décalage, entre une juridiction pénale qui va de plus en plus loin dans la recherche de la culpabilité et un droit administratif de la responsabilité qui n'apparaît pas en mesure de la suivre, le juge pénal pourrait bien devenir le juge favori, auprès duquel les victimes vont porter tout litige grave qui les oppose à l'administration et devant lequel elles vont demander réparation. On peut imaginer à l'instar d'un auteur, qu'un individu conseillé choisisse de n'être pas *l'administré* qui demande *l'annulation d'un document d'urbanisme* pour insuffisance de prévention, mais de se constituer directement devant le juge pénal en tant que *victime,* sur la base de *la mise en danger d'autrui* afin d'obliger l'autorité administrative(récalcitrante) à prendre certaines

[177] Jeannine Hermann, op. cit. p. 199.

[178] Laurence Engel, « *Le droit français de la responsabilité après l'affaire du sang contaminé* », Regard sur l'actualité, décembre 1994.

[179] Jacqueline Doménach, op. cit. p. 192.

mesures de prévention [180]. Jacqueline Hermann envisage d'autres hypothèses renouvelées de recours au juge pénal : ce dernier pourrait retenir des responsabilités pénales d'agents publics dans le domaine de l'urbanisme au titre de la planification urbaine en matière de délimitation des POS... ou quand l'absence de délimitation de zones à risques ou la mise en place de schémas directeurs, n'intégrant pas les risques naturels, révélera une négligence de l'autorité de l'État [181]...

On le voit, il y a là non pas une certitude mais peut-être un risque de vider en fin de compte la responsabilité administrative de sa substance. Elle ne trouverait plus à s'appliquer que dans des affaires suffisamment simples ou par trop insignifiantes pour entraîner un recours à la juridiction pénale et ne persisterait qu'à travers la nécessité de l'indemnisation de la victime. Le régime de la responsabilité administrative disparaîtrait alors en tant que construction jurisprudentielle et réglementaire originale au profit d'une espèce de droit commun de la responsabilité. Le juge administratif devenant une sorte de juge spécialisé, au sein d'un ordre de juridiction unique, dans un droit administratif spécifique à une Puissance publique, elle-même, de plus en plus réduite... C'est là l'expression d'un scénario, pour certains certes « outrancier », sinon pour d'autres « futuriste », il faut le reconnaître ; pour autant participe t-il de cette interrogation contemporaine qui occupe nombre de publicistes : n'est ce pas-là une manifestation supplémentaire de « la fin du droit public ? »[182] avec la disparition de la construction originale du droit administratif « à la française ». Cette question de la disparition du droit public, plus certainement de mutations profondes qui l'affectent devrait fournir à l'avenir bon nombre de sujets de thèses universitaires. On se limitera ici à évoquer quelques aspects de ces mutations du droit public dans lesquels le développement de la responsabilité pénale des agents publics peut s'inscrire.

---

[180] Et le même auteur de citer le journal Libération du 25-26 mai 1996, « L'école radioactive de Nogent entre les mains des magistrats, une association porte plainte pour risques causés à autrui ».

[181] La loi Barnier prescrit effectivement l'obligation pour l'Etat d'établir des plans de prévention des risques.

[182] Cf. O. Vallet, « *La fin du droit public* ? », op. cit.

B. La responsabilité pénale, au sein d'une distinction (droit) Public/ (droit) Privé en déclin

L'érosion de la distinction des règles du droit public et de celles du droit privé ne fait pas l'objet d'un débat nouveau, mais on peut voir d'une part, en quoi la responsabilité pénale des agents publics participe de la remise en cause du principe de la dualité des ordres de juridictions, principe qui est déjà en position de difficulté. En outre, le développement de cette responsabilité pénale ne se conçoit que par référence à des notions de droit public en mutation ; le glas ne sonne t-il donc pas à nouveau pour les notions de puissance publique et de service public ?

1. La dualité des ordres de juridiction : un principe en difficulté

Lorsque le juge pénal se voit de plus en plus admis à connaître de l'organisation et du fonctionnement de l'administration, les fonctions judiciaires n'apparaissent plus alors séparées des fonctions administratives, nécessité pourtant posée depuis et par les lois des 16 et 24 août 1790. La montée en puissance de la juridiction pénale comme juge de la responsabilité des agents publics contribue à saper encore un peu plus, dans la pratique, et cette obligation ancienne de séparation, et le principe corrélatif de dualité d'ordre de juridiction. Ces atteintes portées, de fait, au principe de dualité de juridiction pourraient constituer les premières concrétisations du désir de voir mis fin au système de la séparation des ordres de juridiction, désir de disparition de cette dualité que d'aucuns, en doctrine, appellent implicitement ou explicitement de leurs vœux.

L'effectivité du principe de la dualité de juridiction se voit, en tout état de cause, « miné de l'intérieur (à la fois) par le déplacement de la demande des citoyens » et par « un législateur (qui), change sans le dire, les règles de répartition des compétences entre le juge pénal et le juge administratif [183] », au profit du premier. C'est le cas quand le Législateur, visiblement influencé par la

[183] Jacqueline Doménach, op. cit. p. 199.

mouvance de la régulation marchande, remet en cause la particularité de l'activité économique des collectivités, pour les rapprocher des entreprises privées [184] et/ou quand il reconnaît le principe de la responsabilité pénale des personnes morales de droit public au nez et à la barbe du Conseil d'État consulté pour avis sur la question :

«Les personnes morales de droit public sont par nature, et quelle que soit leur activité, dépositaires d'une part de la Puissance Publique. A ce titre elles disposent de prérogatives qui y sont attachées et sont tenues par les devoirs que comporte son exercice. Elles ne sauraient être placées sous le contrôle des juridictions répressives sans qu'il soit porté au principe de la séparation des pouvoirs une atteinte particulièrement grave [185]. »

La décision constitutionnelle de 1987 permet pourtant d'atteindre au principe de séparation des autorités et de mettre la puissance publique sous le contrôle des autorités judiciaires.

A cet égard, et sans qu'il soit besoin d'évoquer le désir des uns ou des autres, ou l'opportunité de voir disparaître un tel principe, on note que la législation et la pratique juridique se sont quelque part affranchies de ce mal nécessaire que semblait être la séparation ; elles ont consacré moultes hypothèses dans lesquelles un domaine de droit administratif se « pénalise » avec un juge pénal qui déborde, mais déborde légalement, de son rôle, tandis que de son côté, « le droit pénal s'administrativise[186] »... Des exemples d'application de cette dernière situation ne manquent pas : elle renvoie ainsi, à tous les cas où la répression de certaines activités d'entreprises privées relèvera d'organes administratifs dont les décisions seront contrôlées par le juge administratif [187], ou d'un juge administratif infligeant directement la sanction, qu'il s'agisse

---

[184] Ainsi le Législateur rapproche certaines personnes morales de droit public de personnes morales de droit privé lorsqu'il reconnaît que la collectivité territoriale peut être pénalement responsable à raison des activités qu'elle pourrait confier à son délégataire de service public: l'entreprise privée.

[185] JO Sénat CR, 11 mai 1989 p. 624.

[186] Pierre Dévolvé, « *Répression, droit pénal et droit administratif* », op. cit. p.45.

[187] Anciennement le conseil des bourses de valeurs, et aujourd'hui par exemple le conseil de discipline des OPCVM.

d'une juridiction spécialisée[188], voire du Conseil d'État lui même[189]. Ou pour un autre exemple, à ce que le professeur François Féral présente comme l'évolution administrative du droit pénal des fraudes commerciales [190].

La mesure est ainsi prise qu'au-delà du mouvement de soumission des agents publics au droit commun que représente la responsabilité pénale, et derrière le rapprochement personnes morales de droit public et de droit privé au plan de la responsabilité, ce qui est fondamentalement en cause, c'est la disparition, à terme, de la distinction sur laquelle tout le droit français se construit depuis plus de deux cent années, la distinction, en droit, du public et du privé. Il faut s'arrêter sur l'effet de mutation que produit désormais la responsabilité pénale des agents publics sur quelques-unes unes des principales notions originales du droit public.

2. La mutation des notions du droit public.
Ou le glas sonne t-il à nouveau pour les notions de Puissance publique et de Service public ?

- La responsabilité pénale du fait de l'activité administrative dans la mouvance de la réduction des prérogatives de puissance publique

A l'origine de la dérogation à la compétence du juge judiciaire et des règles du droit commun, dont la responsabilité pénale, se trouve la notion de puissance publique. C'est effectivement autour de cette notion « que se définit l'irréductible compétence de la juridiction administrative et la non moins

---

188 La commission bancaire qui prend une sanction disciplinaire (retrait de l'agrément et sanction pécuniaire contre un établissement de crédit).Cf. art. 45 et 48 de la loi du 8 avril 1994 et art. 9 al. 10-2 du décret du 24 juillet 1984 modifié par décret du mai 1995.

189 Pierre Dévolvé cite encore le cas où le président du conseil supérieur de l'audiovisuel demande à la section de contentieux du Conseil d'Etat d'ordonner aux sociétés de l'audiovisuel « de se conformer à leurs obligations, de mettre fin à l'irrégularité et d'en supprimer les effets » et de prononcer une astreinte, une fois liquidée devient sanction pécuniaire. Cf. CE., Sect. 20 janvier 1989, *TF1*, Req. 9- et *La cinq*, Req. P. 17, AJDA 1989, p. 85.

190 François Féral, « *L'évolution administrative du droit pénal des fraudes commerciales* », in Revue marocaine d'économie et de droit comparé, n° 20,1993, pp. 113-146.

irréductible spécificité de la fonction administrative[191] ». La notion de puissance publique se justifie « pour satisfaire cet intérêt général que les personnes publiques ont par essence vocation à satisfaire, même si elles sont secondées par une catégorie de personnes créées par la jurisprudence : *la catégorie des personnes privées investies d'une mission de service public et disposant de prérogatives de puissance publique* [192] ». «Les personnes privées qui bénéficient de délégations de puissance publique, peuvent mener une action administrative(et)les personnes publiques qui se seront dépouillées de leurs prérogatives de puissance publique relèveront assez largement du droit privé, pour le reste le droit administratif leur est applicable ».

L'évolution contemporaine de l'administration donne en tout cas à voir un net recul de la spécificité des règles du droit administratif, celles-là même qui faisaient du droit administratif, un droit dérogatoire au droit commun : pour exemple, la technique de l'acte unilatéral qui se retrouve au sein de relations de droit privé[193], les pouvoirs exorbitants de l'administration qui tiennent plus du boulet pour cette dernière que de l'expression d'un privilège... *La tendance actuelle est ainsi à la volonté de réduire les prérogatives administratives dérogeant au droit commun* [194] : d'une part, en réduisant l'administration, autrefois allégorie de la puissance publique elle-même, « à des prérogatives mal délimitées et se promenant au gré des contingences législatives ou réglementaires du public ou du privé » ; ce qui rend presque insondable la portée exacte, comme le domaine extrêmement réduit des véritables prérogatives de puissance publique, seules de nature à exclure la compétence judiciaire. D'autre part, en usant de techniques nouvelles : développement de la contractualisation, motivation des actes administratifs, publicité de l'action administrative, participation des administrés et pourquoi pas soumission d'un

---

[191] Charles Debbasch, « *Le Droit administratif, droit dérogatoire au droit commun ?* » in « Mélanges René Chapus, p.131.
[192] Jeannine Hermann, op. cit. p.200.
[193] J. Cl. Vénézia, « *Puissance publique, Puissance privée* », in recueil d'études en l'hommage de Charles Eisenmann, Cujas, 1975, p. 363.
[194] Cf. Jacques Chevallier, « *Le droit administratif, droit de privilège* », revue Pouvoirs, n° 46. 1988, p. 57.

nombre de plus en plus important d'activités, dont l'administration est à l'origine, au contrôle de la juridiction pénale…

Il semble bien que cette *part de puissance publique,* dont la personne publique est dépositaire, quelle que soit son activité, ne soit pas plus à même de l'exonérer du contrôle, voire de (ce qui peut apparaître comme) *la tutelle* du droit pénal !

- *Responsabilité pénale des personnes morales de droit public et notion de service public…*

En instituant une responsabilité pénale *générale* de la personne morale de droit public, le Législateur donne une manifestation supplémentaire de son adhésion au mouvement croissant qui tend à soumettre les agents publics, et désormais les structures de l'administration, bref, bientôt peut-être la sphère administrative entière, aux règles d'une sorte de droit commun qui prend l'apparence du droit pénal. Reste qu'il porte à nouveau atteinte « au couple service public/puissance publique, et par là même (à) ce qui fondait le régime dérogatoire au droit commun des personnes publiques[195] ».

La notion de service de public renvoie peu ou prou à l'idée d'un « service soustrait au moins pour partie à la logique marchande [196] ». C'est en cela que cette notion, et les activités de service public, se posent différemment d'autres activités. Derrière la notion de service public, c'est l'idée de la recherche de l'intérêt général qui émerge ; particulièrement, et c'est un cas d'école, dans les activités qui sont comprises dans ce qu'anciennement on qualifiait de services publics par nature, « indissolublement liés à l'exercice de la souveraineté et dont on ne concevrait pas qu'ils fussent abandonnés à l'initiative privée [197] » ; leurs « descendants » aujourd'hui pourraient se voir constitués par des services publics de puissance publique, à savoir ceux qui pourraient être entendus comme, et à qui Charles Debbasch applique ces termes, « ceux à qui on devrait réserver dans l'avenir, les prérogatives de puissance

---

[195] Jacques Chevallier, « *variations autour de l'intérêt général* », CURRAP, PUF, 1979.
[196] Ibidem.
[197] Charles Debbasch, « *Le Droit administratif, droit dérogatoire au droit commun ?* » in « Mélanges René Chapus, p.133.

publique modernisées, les autres services recouvrant, aussi souvent qu'il est possible, une condition de droit commun [198] ». Cependant, même à l'intérieur du domaine des activités économiques de l'administration (industrielles et commerciales), la part de l'intérêt général reste perceptible à côté « de la part du marché ». Jeannine Hermann rappelle que même la distinction entre gestion publique et gestion privée, si elle retirait une part de l'activité économique de l'administration de la compétence du juge administratif, ne niait pas le particularisme de la gestion d'activité dans la logique du service public.

Aussi, assimiler simplement l'activité économique de la personne morale de droit public à celle d'une personne morale à but lucratif pose au moins une difficulté : la négation de la notion de service public. En effet, l'atteinte constituée par cette responsabilité pénale de la personne morale de droit public, est particulièrement nette en ce que la condition, censée être restrictive, à la reconnaissance de la responsabilité pénale, à savoir que *l'activité puisse faire l'objet d'une délégation de service public*, ne l'est que faussement, restrictive, puisque pourront entrer dans le cadre d'une délégation de service public même des activités de type purement administratif renvoyant à la notion de *service public administratif*...

Dans un souci de plus grand respect de la logique juridique publiciste séculaire, sinon plus modestement des notions qui font le droit public, le Législateur n'aurait-il pas pu circonscrire le champ de la responsabilité pénale de la personne morale de droit public aux seules personnes morales de droit public ayant « un objet économique, commercial ou financier [199] » ? Cette interrogation n'est pas si surprenante, si l'on considère que même le droit communautaire reconnaît une spécificité de la logique de Service Public et du régime juridique qu'il convient d'appliquer encore à certaines activités administratives[200]. Ce n'est pas le choix qui à été fait. Mais il n'est pas sur que cette mise sur le même plan systématique, cette égalisation, cette réduction voulue de la spécificité administrative, ne conduisent pas, en définitive, à traiter

---

[198] Ibidem.

[199] Débats J.O. Sénat CR, 10 mai 1989, p. 619.

[200] Notamment dans leur soustraction aux règles de la concurrence...

une catégorie de citoyen, les agents publics, plus sévèrement que d'autres...

§. 2. La responsabilité pénale comme facteur de transformation de l'action administrative

Le développement de la responsabilité pénale des agents publics comme des structures de l'administration, n'est pas, on le voit, exempt de conséquences sur l'ensemble de l'activité administrative. C'est un phénomène qui induit une mutation de la philosophie de l'action administrative en même temps qu'il est de nature à modifier les modalités même de l'action administrative.

A. Une mutation de la philosophie de l'action administrative : de l'impératif d'action à la paralysie de la décision...

A la base de l'activité de l'administration, se trouve une philosophie de l'action. L'agent public, et surtout le décideur, sont d'abord tenus par un impératif d'action. Un des risques principaux attachés au développement de la responsabilité pénale de l'administration réside dans l'incertitude qui semble désormais peser sur la décision publique. Dans différents cas d'espèce, l'instruction pénale des comportements des agents publics, parce qu'elle remonte jusqu'à une responsabilité indirecte des décideurs, laisse l'impression qu'il existe une sorte de responsabilité pénale indirecte du fait des activités de l'administration. Un peu à l'instar du développement, à l'intérieur du droit administratif de la responsabilité, de régimes de responsabilité pour faute présumée, ou sans faute, destinés à rendre plus aisée l'indemnisation des victimes... L'enjeu ne peut pas pour autant être tenu pour équivalent puisque c'est de responsabilité pénale qu'il s'agit ici.

Le risque pénal existe alors de voir se gripper le processus de la décision publique, voire de conduire à une paralysie de la décision administrative, faute de décideurs prêts à s'exposer au risque de se voir reprocher pénalement une décision à l'origine de conséquences dommageables. C'est alors l'efficacité de l'action administrative qui peut être remise en cause. Un autre risque serait de voir se développer, davantage encore, une professionnalisation de la fonction d'agent et de décideur public. Autant d'éléments qui sont de nature à entrer également dans le débat plus large sur la démocratie et l'action de l'administration. On passerait alors d'une philosophie de l'action administrative à une philosophie marquée par l'inhibition de la décision.

Par ailleurs, si l'on considère que toute activité administrative se voit sous-tendue par l'autorité publique, on peut s'interroger sur la pérennité de cette autorité publique. Dans quelle mesure, la notion d'autorité publique, (notamment celle de l'État), et l'idée que l'on s'en faisait, à savoir liée par la symbolique du pouvoir, rouage du fonctionnement de la société, n'est pas fondamentalement atteinte, lorsque le mouvement de pénalisation des responsables de l'administration vient s'appliquer à des fonctionnaires d'autorité tels que le préfet [201], représentant des intérêts de l'État, et vient placer la justice qu'il encoure au même niveau que celle qui régit la vie de simples particuliers.

Enfin, plus encore qu'une mutation de la philosophie de l'action administrative, ce droit pénal qui « déborde » désormais jusqu'à l'intérieur des activités de l'administration, est de nature à modifier les modalités de l'action administrative.

B. Un changement des modalités de l'action administrative

Lorsque la décision pénale est ressentie comme porteuse de trop d'incertitudes, en particulier parce qu'elle porte sur des incriminations pénales définies avec trop d'imprécisions, les agents publics craignent l'exercice de leur mission : l'action administrative. Ce genre d'inhibition pousse par exemple à réduire les activités de service public à leur plus simple expression et à favoriser le développement de la gestion déléguée du service public au profit de la sphère privée... La menace de la responsabilité pénale des agents publics peut ainsi contribuer à transformer les modalités habituelles de l'action administrative ; ce

---

[201] Cf. L'émoi et le précédent dans l'histoire de la cinquième République constitué par la mise en examen et la mise en détention provisoire de l'ancien préfet de Corse, Bernard Bonnet, dans l'affaire de l'incendie du restaurant de plage « chez Francis ».

sentiment diffus de l'existence désormais d'un « risque pénal » viendrait influencer implicitement les comportements des agents publics, ces derniers faisant le choix de modalités administratives d'activités qui les exposeraient le moins. Il s'agit là d'un changement quasi involontaire, non quantifiable, peu prévisible et parfaitement aléatoire, des modalités de l'action administrative. A contrario, d'autres mutations au sein des modalités de l'action administrative se présentent clairement comme volontaires ; elles sont élaborées et proposées en réaction contre le risque de la dérive pénale. Ce sont deux aspects qu'il faut expliciter.

1. Changements et perspectives des modalités habituelles d'exercice de l'activité administrative

La recherche de davantage de moralité publique par la menace de sanction pénale de tous comportements perçus comme tendancieux, peut entraîner une régression de l'efficacité administrative. Les exigences nouvelles alléguées de moralité et de responsabilité publiques sont paradoxalement souvent difficilement compatibles avec les modalités habituelles de l'action administrative. Ce qui est ici en cause, derrière la mutation de certaines modalités habituelles de l'activité administrative, ce sont notamment les paramètres qui gravitent autour de la décision.

Prenons, à cet égard, l'exemple des marchés publics. La pratique veut que les collectivités locales passent des marchés avec des sociétés d'économie mixte locales, marchés dans lesquelles, ces collectivités détiennent une participation majoritaire. Le simple fait d'accorder le marché à l'une d'entre elles, hypothèse courante, reconnue et jusqu'à présent légale, ne va t-il pas spontanément apparaître comme un délit de favoritisme ? De même, Pierre Dévolvé souligne que l'évolution des marchés publics a favorisé le processus de l'appel d'offres (au détriment de l'adjudication), procédure dans laquelle le prix offert n'est pas le simple critère d'appréciation du candidat, mais où l'attribution d'un marché à une entreprise offrant un prix supérieur au concurrent est réputée légale ; le risque de se voir inquiété pour délit de favoritisme, délit qui sanctionne « l'avantage injustifié », n'est-il pas de nature à modifier ces pratiques réputées légales des collectivités décentralisées ? En conduisant à abandonner l'appel d'offres au profit d'autres modes de passation des marchés publics, tel l'adjudication qui attribue le marché au moins disant.

Au titre de ces remarques incidentes qui prennent toute leur importance dans une analyse des institutions et des évolutions juridiques, celle ci : la responsabilité pénale de la personne morale révolutionne l'idée de la responsabilité pénale individuelle. Derrière la personne morale de droit public, une collectivité territoriale par exemple, c'est chaque contribuable qui verra peser sur lui une part de la charge financière de la condamnation. Il y a donc collectivisation de la peine ; si l'on peut s'interroger sur l'opportunité d'une collectivisation de la peine, on peut aussi constater qu'elle sera limitée aux contribuables d'une commune qui ne sont guère plus responsables que ceux de la commune voisine. N'y a t-il pas ici un nouveau cas de rupture d'égalité devant les charges publiques ? Si la manifestation la plus prononcée à l'intérieur de ce vaste mouvement de socialisation, était constituée jusqu'à maintenant par *la socialisation du risque*, le juge pénal semble avoir franchi un pas supplémentaire et se diriger désormais jusqu'à une sorte de *socialisation de la responsabilité.*

L'anticipation des transformations des modes d'exercice de l'activité administrative relève encore de l'exercice prospectif. Et il est plus facile de faire état des mutations de l'activité administrative qui se veulent volontaires et clairement affirmées, car en réaction concertée pour pallier le risque allégué d'une dérive pénale.

2. Les mutations de l'activité administrative, en réaction contre le juge pénal, nouveau juge de la responsabilité des agents publics

Le constat des risques et des gènes occasionnées par ce phénomène de développement de la responsabilité pénale des agents publics, qu'ils soient fonctionnaires et/ou décideurs, et/ou élus a suscité une réflexion d'ampleur au sein de la sphère administrative. Les tentatives de réactions du côté administratif visent en réalité à empêcher que le juge pénal ne se transforme, d'un juge de la responsabilité pénale des agents publics en un juge de la responsabilité des agents publics.

Il faut souligner d'abord les changements intervenus dans le droit de la fonction publique, ou en dehors d'elle, pour renforcer la protection du fonctionnaire. En la matière, l'article 11 de la loi n° 83-634 du 13 juillet 1983 relative au statut de la fonction publique[202] organise la protection à laquelle les fonctionnaires ont droit de la part de l'administration ; alors qu'il n'est jamais question que l'exercice d'une fonction publique mette son auteur à l'abri de poursuites pénales, il faut noter la volonté de renforcer, sinon d'assurer en effectivité cette protection de l'administration à son agent attaqué ; ainsi par exemple une circulaire conjointe Fonction publique/Budget est venue préciser le cadre d'application de l'article 11 afin d'en favoriser l'application par les administrations ; mais surtout une circulaire du 14 mai 1993 visant à protéger les fonctionnaires de l'administration territoriale a tenté de pallier, pour ces derniers, l'insuffisance (voire l'absence) de protection en cas d'exposition à une responsabilité pénale résultant des seuls statuts général et particulier des fonctionnaires. Cette circulaire a le mérite d'avoir débouché, à une époque de

---

[202] Article 11 de la loi n° 83-634 du 13 juillet 1983 :
« Les fonctionnaires bénéficient, à l'occasion de leurs fonctions, d'une protection organisée par la collectivité publique dont ils dépendent, conformément aux règles fixées par le Code pénal et les lois spéciales.
« Lorsqu'un fonctionnaire a été poursuivi par un tiers pour faute de service et que le conflit d'attribution n'a pas été élevé, la collectivité publique doit, dans la mesure où une faute personnelle détachable de l'exercice de ses fonctions n'est pas imputable à ce fonctionnaire, le couvrir des condamnations civiles prononcées contre lui.
« La collectivité publique est tenue de protéger les fonctionnaires contre les menaces, violences, voies de fait, injures, diffamations ou outrages dont ils pourraient être victimes à l'occasion de leurs fonctions, et de réparer, le cas échéant, le préjudice qui en est résulté.
« La collectivité publique est subrogée aux droits de la victime pour obtenir des auteurs des menaces ou attaques la restitution des sommes versées au fonctionnaire intéressé. Elle dispose en outre, aux mêmes fins, d'une action directe qu'elle peut exercer au besoin par la voie de la constitution de partie civile devant la juridiction pénale » (...)
(...) « En définitive, la modification pourrait se traduire par la création d'un alinéa supplémentaire à l'article 11, inséré après le 3è alinéa existant, et ainsi rédigé:
La collectivité publique est tenue d'accorder au fonctionnaire ou à l'ancien fonctionnaire sa protection dans le cas où il fait l'objet de poursuites pénales à l'occasion de faits qui n'ont pas le caractère d'une faute personnelle ». Extraits des études et documents du Conseil d'Etat : la responsabilité pénale des agents publics en cas d'infraction non intentionnelle . Les études du Conseil d'Etat, la documentation française, 1996.

médiatisation d'un certain nombre « d'affaires pénales », sur une réflexion encore débutante relative à l'activité normative de l'administration, l'organisation et la direction de l'administration territoriale, les moyens de l'administration territoriale et la déconcentration administrative, la question de la formation des fonctionnaires[203].

Signalons également la loi du 13 mai 1996 visant à restreindre la responsabilité pénale pour faits d'imprudence ou de négligence. Les modifications qu'elle a induites sont peut- être de nature à restreindre la responsabilité pénale des fonctionnaires et des élus : cette loi à d'abord modifié l'article 121-3 NCP en son alinéa 2 en lui ajoutant « *Il y a également délit, lorsque la loi le prévoit, en cas d'imprudence, de négligence ou de manquement à une obligation de sécurité prévue par la loi ou les règlements, sauf si l'auteur des faits a accompli les diligences normales compte tenu le cas échéant, de la nature de ses missions ou de ses fonctions, de ses compétences ainsi que du pouvoir et des moyens dont il disposait* ». Elle pose d'autre part l'exigence de l'appréciation in concreto de la faute par les juridictions pénales... Cette nouvelle loi n'a pas pour autant permis aux agents publics impliqués dans les procès de Bruz et de Barbotan d'échapper à leur responsabilité pénale [204].

En dernier lieu, peut-on faire état des principales propositions élaborées notamment par le Conseil d'État, vis-à-vis desquelles il est fait injonction aux structures, aux agents et même aux juridictions administratives de faire écho. On se bornera à évoquer très sommairement les grandes lignes de mutations souhaitées de l'action administrative, censées conduire la victime à faire le choix d'une « action civile » plutôt que celui de « l'action publique », à faire le choix de la juridiction administrative plutôt que celui du juge pénal...

---

[203] Ramiro Riéra, « *La responsabilité pénale des préfets et sous préfets, à propos de la circulaire du 14 mai 1993 du Ministre d'Etat, Ministre de l'intérieur et de l'Aménagement du territoire relative à la protection des fonctionnaires de L'Administration territoriale* », Revue « Administration », n° 161, oct-déc. 1993, p.157.

[204] M.P. Steinle-Feuerbach « *La responsabilité pénale des mairies en cas de catastrophe (au regard des procès de BRUZ et de BARBOTAN) ou la fausse nouveauté de la loi n° 96-393 du 13 mai 1996* ». J.C.P., Ed : G. n° 43.

Les premières propositions visent d'abord à prévenir la survenance de dommages par le biais d'une meilleure organisation des services ; ont été prônées à cet effet, une clarification de la répartition des compétences et des responsabilisations à l'intérieur de l'administration avec un retour sur les compétences respectives des services et des agents, comme sur la nécessité de revoir l'étendue des missions respectives au regard des moyens financiers et en personnel ; l'ensemble afin de ne pas faire peser sur les missions de l'administration ce qui s'apparenterait à des exigences irréalistes[205] ». De même, est désormais préconisée l'élaboration de directives générales, mais se bornant à éclairer des textes déjà existants, dans des domaines à l'origine de nouvelles mises en cause pénales : activités de contrôle, délivrance d'agrément et de certification. Enfin faut-il souligner l'accent qui est mis concernant l'action de l'administration sur l'effort à réaliser dans le domaine de la sécurité des agents publics et des usagers : dans cette optique, un accroissement des tâches des commissions consultatives départementales de sécurité auprès des maires et des préfets, par une réforme en profondeur de leur organisation comme de leur fonctionnement, n'est pas à exclure.

Pour le cas d'un dommage trouvant son origine dans le comportement d'un agent et/ou dans une activité administrative, le Conseil d'État revisite la réparation due aux victimes par la collectivité publique, en exprimant ce souhait « que la procédure pénale ne soit utilisée qu'à bon escient, aux fins qui sont les siennes et non comme un substitut à d'autres procédures ». A cette fin, la haute autorité administrative préconise d'abord le développement de la réparation par des voies non contentieuses avec une assistance et une écoute, de la part des services publics, des doléances des victimes de l'administration et le redéploiement de l'indemnisation des victimes par la voie non contentieuse : la pratique de la transaction par l'administration est épinglée, par exemple, comme d'application trop timide.

Concernant ensuite les situations de réparation par la voie contentieuse, le Conseil d'État note que les citoyens sont « peu

---

[205] Conseil d'Etat (Etudes et documents du...), « *La responsabilité pénale des agents publics en cas d'infractions non intentionnelles* » p..51, Les études du Conseil d'Etat, La documentation française, 1996.

sensibles à cet intérêt spécifique de l'action administrative [206] » et présente quelques propositions de nature à corriger les éléments qui pourraient défavoriser la victime recourant au juge administratif. Ainsi les améliorations possibles à la procédure administrative contentieuse avec une intervention plus rapide du juge dans sa décision : référé- provision, accélération de l'échange des mémoires..., et à une plus grande efficacité de l'instruction administrative [207]. Sur les modalités de la réparation elle-même, la pratique du partage des réparations entre co-responsables pourrait disparaître, au profit de celle du paiement conjoint et solidaire de tous les responsables, à l'instar de la condamnation *in* solidum du droit civil. La difficulté restant en ce cas, la pérennité de la jurisprudence *Mergui* [208] qui pose le principe qu'une collectivité publique n'a pas à assurer la charge d'une somme qu'elle ne doit pas.

Dans tous les cas de figure, c'est vers une meilleure information et communication des différents acteurs gravitant autour d'un éventuel litige administration/particuliers, que le droit administratif de la responsabilité semble devoir se tourner. Pour sa part, le Conseil d'État envisage, d'une part, une meilleure information et formation, des agents publics au droit et à la procédure pénale, presque corrélative à celle des magistrats au fonctionnement des institutions administratives. D'autre part, ce sont les citoyens qui devront être plus informés par l'administration de l'existence, du rôle et des pratiques favorables aux requérants contenues dans les dernières réformes du contentieux administratif. Les modalités de cette (nouvelle ?) communication nécessaire sont en tout cas encore à inventer...

---

[206] Conseil d'Etat (Etudes et documents du...), « *La responsabilité pénale des agents publics en cas d'infractions non intentionnelles* » p. 126.

[207] « En réalité, les principes jurisprudentiels et les textes accordent au juge administratif des pouvoirs d'investigation très étendus. Mais force est de constater qu'en pratique leur utilisation reste trop rare. » Cf. Conseil d'Etat, « *La responsabilité pénale des agents publics en cas d'infractions non intentionnelles* » p.131.On se reportera en annexe pour l'étendue des pouvoirs du juge administratif.

[208] Jurisprudence de 1971

CONCLUSION

A partir des années 1970, il semble bien qu'une sorte de rupture se réalise progressivement au sein de l'administration pour la conduire vers des formes plus modernes d'administration, celles que donne à voir en tout cas l'administration actuelle. En l'espace de trente années, on a, d'une part, vu rénover le sens de certaines notions anciennes pour qualifier l'action de l'administration, ainsi les notions de décentralisation et de déconcentration, de territorialisation, d'aménagement du territoire, la notion de planification, et de contrat... On a, d'autre part, vu apparaître des notions nouvelles susceptibles de rendre compte des nouvelles pratiques administratives : co-administration, partenariat, négociation, coopération, prospective, prévention [209]... Il semble cependant qu'au titre des grands changements intervenus et à intervenir à l'intérieur de l'administration du XXIè siècle, devra figurer, en sus des notions précitées, le développement d'une responsabilité pénale « de l'administration ».

Au terme de cette étude, on perçoit à l'évidence qu'il devient de plus en plus difficile d'opposer désormais de manière radicale, le domaine de la responsabilité pénale et celui de la responsabilité administrative ; elles se voient, en effet, presque obligées de partager l'objet de leur contrôle : le comportement des agents publics et la fiabilité des activités administratives [210]. Pour autant, cette énième érosion de la distinction farouche entre droit pénal et droit administratif n'est-elle pas si surprenante, si l'on garde à l'esprit que le droit pénal constitue en réalité une branche du droit public, au même titre que le droit fiscal, par exemple, ou en l'occurrence, le droit administratif, avec lesquelles il est donc susceptible de présenter des éléments communs.

Cette parenté « non désirée » et pour le moins envahissante ne manque pas de gêner tous les acteurs de la sphère administrative. Elle répond en tout état de cause à une nouvelle demande sociale en matière de responsabilité, distincte de l'indemnisation, à laquelle ni le juge administratif, ni son droit, n'a

---

[209] Cf. sur cette question, Jean-Jacques Gleisal, « *L'administration du XXIè siècle* », in « Mélanges en l'honneur du professeur Gustave Peiser », pp. 289.

[210] Par ailleurs s'agissant de la *responsabilité pénale* des gouvernants, si elle n'est pas exclusive de *la responsabilité politique* et de ses mécanismes constitutionnels, elle semble, se superposer à elle, sinon parfois s'y substituer

pu satisfaire. Faut-il suggérer à la juridiction administrative de devenir enfin un juge de la sanction ? L'entreprise n'est pas aisée. On a en effet considéré longtemps, peu ou prou, que la mission de répression des infractions aux lois et règlements appartenait, presque par nature, au juge judiciaire. Tandis que « La répression à proprement parler ne rentrait pas normalement dans les attributions du pouvoir administratif [211] ». C'est à cet égard surtout à partir de la deuxième guerre mondiale que la Doctrine va commencer à s'intéresser aux questions relatives aux sanctions administratives.

Il n'en reste pas moins vrai que l'administration a pu participer à cette mission de répression des comportements de ses agents par le truchement d'un pouvoir de sanction, *la sanction disciplinaire de la fonction publique*. Mais il s'agit alors d'un pouvoir de sanction limité, dans sa nature, et relativement aux individus à sanctionner. Il faut dire également qu'à cette sanction disciplinaire originelle, s'est ajoutée pour une époque qu'on qualifiera de contemporaine, une autre sanction administrative, liée cette fois aux activités économiques. Actuellement, la répression administrative sur la base de *la sanction administrative non disciplinaire* est en effet « étroitement associée aux législations économiques » (...) « elle s'affirme particulièrement dans le domaine de la réglementation de la concurrence et de l'organisation des marchés financiers [212] ». Pour certains auteurs, cette sanction administrative non disciplinaire se rapproche de la sanction pénale au point que l'on pourrait parler à son sujet *de sanction administrative de nature pénale*...Les législations récentes tendent d'ailleurs à confier le contentieux de ces nouvelles sanctions administratives au juge judiciaire, comme à limiter l'apport du juge administratif en la matière [213]. Ce dernier se montre en tout état de cause réticent à reconnaître la nature pénale d'une sanction administrative. Il nous semble, en tout cas que ces nouvelles sanctions, de nature administrative, qu'on ne s'y trompe pas, participent d'un type de règle répressive qui « s'adresse nécessairement à des catégories de personnes » et où « la sanction

---

[211] V. M. Waline, «*Traité élémentaire de droit administratif* », 3e éd., 1957, p. 427 et s.

[212] Jean-Louis De corail, « Administration et sanction. Réflexions sur le fondement du pouvoir administratif de répression », in Mélanges René Chapus, p. 119.

[213] Ibidem p. 119.

administrative économique s'intègre à une activité dont l'objet et la finalité sont bien spécifiques ». *Il n'est pas alors possible de les assimiler à la règle pénale générale qui vise à sanctionner les actes portant atteintes aux intérêts fondamentaux de la société, comme à la portée universelle qu'elle contient.* On voit mal alors comment la juridiction administrative serait à même de se repositionner avantageusement sur le fondement d'une mission de répression, face au juge pénal.

Cette défense des intérêts fondamentaux de la société qui a justifié en premier lieu que le droit pénal s'ancre dans le paysage institutionnel sous la forme, en apparence du moins, du plus puissant parmi les droits, impliquait aussi, en second lieu, qu'il restât un droit autonome et spécifique. Ne s'éloigne t-on pas aujourd'hui de ce fondement initial ? On peut craindre que derrière l'extension continue de son champ d'intervention, ne se cache un raisonnement en opportunité : le droit pénal semble de plus en plus utilisé par le législateur comme instrument d'une loi principale défaillante dès que celui ci pressent, sinon constate, que le respect et l'application de cette loi principale présentent des difficultés. Le droit pénal devient alors l'accessoire d'une multitude de lois relatives aux domaines juridiques les plus divers.

La question se pose alors de savoir si le droit pénal va se renforcer en recouvrant désormais la totalité de la sphère juridique ; il deviendrait alors une sorte de droit commun ; ou si au contraire, il va perdre en force, en étant contaminé par les raisonnements et la logique de la branche du droit (droit commercial, droit de l'environnement...) qu'il vient régir ? Les réponses à une telle interrogation ne concernent plus uniquement les pénalistes, mais sont de nature à affecter l'évolution, sinon la pérennité, du droit administratif français. Tandis que la première hypothèse « signe la reddition » de la juridiction administrative et avec elle, du rayonnement des règles de droit administratif ; la deuxième hypothèse laisse à l'inverse penser que le droit pénal s'il continue d'être appliqué aux agents et aux structures de l'administration, pourrait évoluer à terme dans le sens de « l'administrativité » : à savoir, que l'on assisterait peut-être alors à la naissance d'une nouvelle branche de droit pénal, *un droit pénal de la responsabilité publique*, à côté du droit pénal économique et financier, du droit pénal environnemental...Force est de constater, que c'est plutôt vers le premier cas de figure que les pratiques judiciaires semblent se diriger. Les informations judiciaires et mises en examen, désormais hebdomadaires, tendent à démontrer que l'heure n'est pas encore annoncée où le droit et les règles de la responsabilité pénale se verront infléchis. En matière de prospective, néanmoins, tout est à envisager et rien n'est à savoir.

Enfin, ces transformations fondamentales du pouvoir judiciaire trouvent en partie leur justification dans le fait que le droit est désormais convoqué de façon croissante pour se substituer à la question de la régulation sociale. A l'instar de Daniel Cohen [214], il n'est pas sain que le droit à lui tout seul vienne se substituer à l'ensemble des corps sociaux. A fortiori, il ne nous semble pas souhaitable que le droit pénal constitue le palliatif privilégié, voire le seul palliatif, à la disparition de la responsabilité individuelle. Il pourrait être alors générateur de crainte, sinon de désillusions.

L'apparition de délits nouveaux, la faute pénale globalisante, la multiplication des recours au juge pénal et l'explosion des situations où ce dernier s'auto-saisit pour ainsi dire, renvoient du droit pénal l'image saisissante d'une sorte de droit vengeur pour les uns, rédempteur pour les autres, et de son juge, celle d'un monstre aux mille bras, une sorte de Léviathan, inquiétant par ses pouvoirs mais fascinant par sa puissance.
On se gardera d'une telle acception, quasi mythologique de la Juridiction pénale. La responsabilité pénale est en effet tributaire de conditions précisément définies : la loi pénale est d'interprétation stricte, elle ne vient réprimer que les comportements correspondant aux termes d'une incrimination. De même, pour que la dite incrimination se voit constituée et qu'une responsabilité pénale soit retenue, il faudra que tous les éléments de cette incrimination soient constitués. Quand bien même la responsabilité de l'agent public serait retenue, un certain nombre d'arguments pourraient être de nature à atténuer la gravité de l'acte.

---

[214] Daniel Cohen, Introduction au colloque, « *La pénalisation est elle contraire à la démocratie* ».

Il n'est pas sur que ce rappel pour mémoire viennent rassurer les administrateurs, la classe politique et en particulier les élus locaux, qui se voient déjà attraits, ou en passe de l'être, devant un juge et des méthodes auxquels, en tant que responsables publics, ils n'ont pas été habitués, parfaitement aguerris, a contrario, aux mécanismes défaillants du contrôle politique (pour les ministres), aux règles du pouvoir hiérarchique et risques de la sanction disciplinaire, aux modes de contrôle du juge administratif, et enfin aux joutes, jeu, et sanctions électorales pour les élus spécialement...
Pour ces agents publics, l'intrusion d'une *morale pénale* dans le fonctionnement du système administratif centralisé, déconcentré, décentralisé, semble participer de l'avènement si longtemps redouté du gouvernement des juges...

Paradoxalement, l'argument de la *légalité criminelle* strictement entendue pourrait bien laisser le simple citoyen surpris et déçu par l'issue du procès où intervient le juge pénal, jugeant l'administration, lorsque celle-ci se soldera par une faiblesse, voire par l'absence de condamnation. L'impression pourrait bien alors demeurer, que l'investigation pénale sur la décision publique ne va guère au-delà, dans ses conséquences pour la victime, du contrôle de légalité interne et externe du juge administratif sur des actes réglementaires. Et que la justice du juge pénal envers l'autorité publique ne diffère pas beaucoup de celle que l'on pourrait attendre, et que d'aucuns n'attendent plus d'ailleurs[215], du juge administratif jugeant l'administration.

Enfin, cette étude vient à se conclure sur une remarque : la juridiction pénale, est passée, quant à sa mission légale de juge éventuel de responsabilité pénale des agents publics, d'une situation qui confinait à l'inertie, à une situation qui tient du zèle, sinon même de la foi. Elle n'est plus loin de devenir le nouveau juge de la responsabilité des agents publics, alors qu'il n'est ni dans sa vocation, ni dans son rôle, d'instaurer une tutelle sur

---

[215] Cf. ces quelques lignes d'Odon Vallet, op. cit. p. 6.: « *(...) Le recours (auprès du juge administratif) qui devient une sorte de baroud d'honneur, l'annulation, une sanction de principe et le métier de juge, un aveu d'impuissance* », citées par Yves Poirmeur et Emmanuelle Fayet dans l'article « *La doctrine administrative et le juge administratif. La crise d'un modèle de production du droit* » op. cit. p.112.

l'action administrative ; on voit qu'elle entre cependant sans hésitation dans la peau de l'interprète des règles du droit administratif et définit « au lieu et place du Législateur ou de la jurisprudence administrative certaines notions essentielles du droit administratif contemporain [216] ».

Rien n'empêche alors la juridiction administrative, comme les administrations d'ailleurs, si elles veulent se repositionner dans le domaine de la responsabilité, de rééquilibrer fondamentalement les relations entre l'administration et ses victimes. Le Conseil d'État en a proposé des modalités nouvelles, d'autres sont encore à inventer ou simplement à instituer, en espérant qu'elles seront de nature à infléchir les tendances actuelles…

---

[216] Jean Viret, « *La responsabilité de l'Administration et de ses agents à l'épreuve du droit pénal contemporain* », op. cit. p.780.

BIBLIOGRAPHIE

Ouvrages généraux, rapports, études

- A.J.T. (Agence judiciaire du Trésor), *« Colloque A.J.T. : Le fonctionnaire et le juge pénal »*, du 18 mars 1996, Ministère de l'économie et des Finances.

-BEAUD Olivier, *« Le sang contaminé. Essai critique sur la criminalisation de la responsabilité des gouvernants »*, PUF, coll. Béhémoth, 1999.

-BIGAUX Christian, *« La responsabilité pénale des hommes politiques »*, LGDJ, 1996.

-CAILLOSSE J. *« La décentralisation dans ses rapports avec le droit, la révision des dogmes »*, in Institut de la décentralisation. La décentralisation en France, Paris, La Découverte, 1996.

-COLIN Philippe, ANTONA Jean- Paul, LENGLART François, *« La responsabilité pénale des cadres et dirigeants dans le monde des affaires »*. Dalloz 1996.

-COLLECTIF, *« Archives de philosophie du droit »*, tome 35 : *« Vocabulaire fondamental du droit »*, Sirey, 1990.

-COLLECTIF, *« Archives de philosophie du droit »*, tome 41 : *Le privé et le public*, Sirey,

-COLLOQUES LACROIX - L'EVENEMENT, *« Justice ou vengeance »*, Centurion, 30 avril 1994.

-CONSEIL D'ETAT (Etudes et documents du...), *« La responsabilité pénale des agents publics en cas d'infractions non intentionnelles »*, Les études du Conseil d'État, La documentation française, 1996.

-CONSEIL D'ETAT (Rapport public du...), La documentation française, 1998.

-CONTE P., MAISTRE DU CHAMBON P, *« Procédure pénale »*, Ed. Masson/Armand Colin, 1995.

- DAMIANI C., *« Les victimes, Violences publiques et crimes Privés »*, Bayart éditions, 1997.

-DARCY G ; et PAILLET M., *« La responsabilité administrative »* (Dir. J.M. Auby), in *Droit public*, Ed. Economica 1985.

-DEGUERGUE M., *« Jurisprudence et Doctrine dans l'élaboration du droit de la responsabilité administrative »*, LGDJ 1993.

-DE LAUBADÈRE A., VENEZIA, J. Cl. GAUDEMET Y., *« Traité de droit administratif »*, t. 1, 11è éd. LGDJ 1990.

-DELEVOYE J.P. *« Démocratie locale et responsabilité »*, Rapport Sénat n° 328, 1994-1995.

- DRAGO R. et GAZIER F., *« Responsabilité de la Puissance Publique »*, D. rep. 1987 avec mises à jour.

-FERAL François, *« Approche dialectique du droit de l'organisation administrative. L'appareil d'État face à la société civile »*, Préf. par F.P. Benoît. Collection Logiques juridiques, Ed. L'harmattan 1999.

-FERAL François, *« L'État et les fraudes commerciales »*. (Dir. Michel Guibal.) Presses universitaires de Perpignan. Collection *Etudes*, 1995.

-FRISON-ROCHE Marie-Anne, *« Les enjeux de la pénalisation de la vie économique »*, Dalloz 1997.

-GARAPON A. et SALAS D., *« La République pénalisée »*, Paris, Hachette, 1996.

-GUIHAL (D), *« Droit répressif de l'Environnement »*, Economica 1997.

-KERCHOVE (VAN DE), M, OST F, *« Le système juridique entre ordre et désordre »*, 1988, P.U.F., Les voies du droit.

-LARZUL T., *«Les mutations des sources du droit administratif »*, L'hermès 1994.

-LEBRETON G., *« Le pouvoir discrétionnaire exercé par l'administration française sur ses agents »*, « Thèse Paris II, 1988.

-LEFFONDRÉ M., *« Recherche sur les sanctions administratives et leur nature juridique »*, Thèse Caen, 1973.

-LEVASSEUR G., *« Droit pénal »*, Litec, Paris 1992.

-LLORENS-FRAYSSE F., « *La présomption de faute dans le contentieux administratif de la responsabilité* », LGDJ 1985.
-MASSOT, FOUQUET, « *Le Conseil d'État, juge de cassation.* », Berger-Levrault, coll. *L'administration nouvelle*, 1993.
-MORAND-DEVILLER J. « Cours de droit administratif », Ed. Montchrétien 1997.
-MOREAU J. « *Droit administratif fondamental et droit administratif appliqué. L'exemple du droit de la santé publique* », in Etudes de droit et d'économie de la santé, Economica, 1982, p. 27.
-MOREAU J. « *L'influence du développement de la construction européenne sur le droit français de la responsabilité de la puissance publique* ». Mélanges J. Boulouis, Dalloz, 1991, p. 409- 420.
-MOURGEON J. « *La répression administrative* », 1967, LGDJ, p. 21 et suivantes.
-PAILLET M.,« *Vers un renouveau des sources de la responsabilité administrative en droit français. Etudes offertes à Jean Marie Auby* », Dalloz 1992.
-RIVERO J., « *Droit administratif* », Précis Dalloz, dernière édition.
-ROBERT Denis, « *La Justice ou le chaos* », Stock, 1996.
-SEGUR Philippe, « *La Responsabilité politique* », Que sais-je ? n° 3294, PUF 1998.
-SEGUR Philippe (Dir.), « *La Responsabilité des gouvernants* ». *Actes du colloque du 6 avril 1999. Coll. Logiques juridiques. Ed. L'harmattan 1999.*
- SOUSSE Marcel, « *La notion de réparation de dommage en droit administratif français* » *Bibliothèque de droit public* », tome 174, L.G.D.J. 1994.
-VEDEL G. et DEVOLVE P., « *Droit administratif* », P. UF. coll. Thémis, 10è éd. 1988, p. 446 et s.
-VENEZIA J. Cl., « *Puissance publique, puissance privée* », in Recueil d'études en hommage à Charles Eisenmann, Cujas, 1975, p. 363.
- WALINE M., « *Précis de droit administratif* », éd. Montchrétien 1969.
-ZILLER Jacques, « *Administrations comparées* ». Domat, Ed. Montchrétien 1993.

Articles généraux et spécialisés

Articles généraux et spécialisés plus spécialement relatifs au Titre I

-AJDA, numéro spécial, « *Le droit administratif* », 20 sept. 1995, pp. 7-10.
-AMSELEK P., « *La responsabilité sans faute des personnes publiques d'après la jurisprudence administrative* » in *Mélanges Eisenmann*, 1975.
- AUBY J.B., « *La pénalisation de l'action publique* », Dr. adm., janvier 1997.
-AUDARD Catherine, « *Ethique publique et démocratie* », in « *Archives de philosophie du droit* », tome 41 : *Le privé et le public*, pp. 65- 81 Sirey.
-BELKACEMI Nassira, « *La pénalisation du droit public : mythe ou réalité ? (La responsabilité pénale des élus)* », Ronéo, Montpellier, 1998.
-BENOIT F.-P., « *Le régime et le fondement de la responsabilité de la puissance publique* », J.C.P. 54, éd. G, I, 1178.
-BENOIT F.-P., « *Essai sur les conditions de la responsabilité en droit public et en droit privé* », J.C.P. 57, éd. G, I, 1351.
-BERLIA G., « *Essai sur les fondements de la responsabilité en droit public français* », *R.D.P., 191, p ; 685 et s.*
-BERTONI Pascale, « *L'évolution du droit de la responsabilité : limitation ou préservation de la souveraineté* », Les petites affiches, 24 déc. 1993, n° 154, pp. 11-17.

OULOUIS Jean, « *Le droit administratif, des principes fondateurs à l'effectivité de la gle : bilan et perspectives d'un droit en mutation* », Rev. Pouvoirs, n° 46, 1988.

:HAPUS R. ; « *Responsabilité publique et responsabilité privée* », Bibliothèque de droit blic, t. VIII, LGDJ 1957.

URAPP, F. DUBOIS, M. ENGUELELE, G. LEFEVRE, M. LOISELLE, « *La ntestation du droit administratif dans le champ intellectuel et politique* » in *Le droit ministratif en mutation*, CURAPP, PUF, 1993.

EBBASCH Charles, « *Le Droit administratif, droit dérogatoire au droit commun ?* » in Mélanges René Chapus, pp. 127-133.

EBOUY Christian, « *Le droit administratif français, tendances récentes,* » Les petites iches, 5 déc. 1997, n° 146, pp. 4-12.

EBOUY Christian, « *Le droit français de la responsabilité administrative, métamorphose permanence* », Cahiers juridiques de l'électricité et du (CJEG), 01/10/97, n° 156, p. 27-348.

E CORAIL Jean-Louis, « *Administration et sanction. Réflexions sur le fondement du uvoir administratif de répression* », in Mélanges René Chapus, pp. 103-126.

EGUERGUE M., « *Le contentieux de la responsabilité : politique jurisprudentielle et isprudence politique* », AJDA 1995, n° spécial, 6, 211.

ELMAS MARTY M., TEITGEN COLY C., « *Punir sans juger ?, De la répression ministrative au droit pénal administratif* ».

EVOLVE Pierre. « *Paradoxes du « ou paradoxes sur le) principe de séparation des torités administrative et judiciaire* », in Mélanges René CHAPUS, p. 136-145

OMENACH Jacqueline, « *L'Administration et le droit administratif face à la mise en jeu la responsabilité pénale des agents publics* », in « Mélanges en l'honneur du professeur ISER », pp. 188-197, P.U.G. (presses universitaire de Grenoble, 1995.

NGEL Laurence, « *Le droit français de la responsabilité après l'affaire du sang ntaminé* », regards sur l'actualité, décembre 1994.

ABRE-ALIBERT Véronique, « *Le préfet et l'obligation particulière de sécurité ou de udence* », Revue « Administration », n° 166, janvier-mars 1995.

NOCCHI Renato, MIDENA Elizabetta, « *La Justice administrative* », R.F.D.A., n° 67, . 417-425, juillet-septembre 1993.

ROMONT Michel, « *La Justice administrative en Europe. Convergences* », in Mélanges né Chapus, pp. 197-208.

ILLI J.-P., « *La responsabilité d'Equité de la puissance publique* », D. 1971, Chron p.

LEIZAL Jean-Jacques, « *L'Administration du XXI è siècle* », in « Mélanges en l'honneur professeur Gustave Peiser », pp. 285-293.

IAURIOU M., « *Les actions en indemnité contre l'Etat pour préjudices causés par dministration publique* », R.D.P. 1896, p. 51.

LUGER J. COLONNA D'ISTRIA J., « *De la culpabilité à la responsabilité* ». Revue roit de l'environnement, partie chronique et opinions, n° 54, décembre 1997.

ATOURNERIE R., « *De la faute et du risque à propos de dommages causés par des vaux publics* », R.D.P. 1945, p. 5.

A VIE JUDICIAIRE, « *Les pouvoirs de l'administration dans le domaine des sanctions* », 95.

AESTRE J.Cl., « La *responsabilité pécuniaire des agents publics en droit nçais »,bibliothèque de droit public 1962, t. L., LGDJ.*

ORAND Charles- Albert, « *La sanction* », in *Archives de philosophie du droit*, tome 35: *'ocabulaire fondamental du droit* », pp. 293-312, Sirey, 1990.

ODERNE FRANCK, « *Illégalité et responsabilité: vers de nouvelles relations* », RA 74, p. 29 et s.

- MOREAU Jacques, « Responsabilité personnelle des agents et responsabilité de l'administration », in *Juriscl. dr. adm.*, n° 8, fasc. 806.
- PETIT S., « *La responsabilité pénale des agents des trois fonctions publiques* », Berger-Levrault, coll. gestion publique, 1997.
- PONTIER J.-M., « *Sida, de la responsabilité à la garantie sociale, (à propos de la loi du 31 décembre 1991*), R.F.D.A. 1992, p ; 533.
-POUVOIR (revue Pouvoir), « *La fin de la faute* »,1987.
-RAPPORT DU CONSEIL D'ETAT: « *Les pouvoirs de l'Administration dans le domaine des sanctions* ». Date 20 juin 1982, 1983.
-REVUE « *Droit pénal* », n° spécial « *Le dévoiement pénal* », 4 avril 1995.
-SIMON D., « *L'incidence du droit communautaire sur le contentieux de la responsabilité de la puissance publique: glissements progressifs ou révolution tranquille ?* » AJDA 1993, p. 235.
-STERN Brigitte, « *La Responsabilité internationale aujourd'hui... demain...* », in « *Perspectives du droit international et européen* », recueil d'études à la mémoire de Gilbert Apollis, Paris, 1992, pp. 75, 102.
-TRUCHET Didier, « *A propos de l'évolution du droit administratif: « Loi d'extension » et « Loi de divergence* », in *Mélanges René CHAPUS*, pp. 631-645.
- VINCENT F. « *Droit public et assurance* », RGAT 1991, p. 241.
-VINEY Geneviève, « *La responsabilité* », in *Archives de philosophie du droit*, tome 35: « *Vocabulaire fondamental du droit* », pp. 275 -292, Sirey, 1990.
- WECKEL Ph., « *L'évolution de la notion de faute personnelle* », R.D.P. 1990, p. 1525 et s.

<u>*Articles généraux et spécialisés (Plus spécialement relatifs au Titre II)*</u>

- ASSOCIATION *Recherches pénales européennes*, « *La mise en œuvre de la répression à l'encontre des personnes morales* », Séminaire du 18 décembre 1995. in *Rev. sc. crim.* 1996, p. 261.
-AYOUB Eliane, « *Inculpation et protection des fonctionnaires, une illustration nouvelle de l'indépendance de l'administration à l'égard du juge pénal* ». D. 1992 Chron. P. 126.
-BAZEX M. LUCAS DE LEYSSAC M.P., « *Le contrôle judiciaire des comptes de la ville* », Revue « Justices » n° 2: « Justice et ville », juillet-déc. 1995. Ed. Dalloz.
-BEAUD Olivier, « *La cour de justice de la république est-elle vraiment compétente pour juger les ministres dans l'affaire du sang contaminé ?* », Dalloz 1999, 8 è cahier, Chron. pp. 75-80.
-BEAUD Olivier, « *Le traitement constitutionnel de l'affaire du sang contaminé. (réflexions critiques sur la criminalisation de la responsabilité des ministres et sur la criminalisation du droit constitutionnel)* », R.D.P. 1997, p. 995.
- BEURDELEY L., «*Une nouvelle application de la responsabilité du fait des lois* » Petites affiches 31 mai 1996, n° 66.
-BREEN Emmanuel, « *Responsabilité pénale des agents publics : l'exemple de l'affaire du sang contaminé* », AJDA 20 novembre. 1985, pp. 781-791.
- CEOARA M. «*La responsabilité pénale des élus à raison des délits liés au manque de précaution* » Colloque de L'ASTRAFI, 24 juin 1994 relatif à la responsabilité pénale des maires et des élus, Les petites affiches, 15févr. 1995, pp. 15-22.
-CHAROS R. « *La Cour des Comptes et le juge judiciaire* », in La Cour des Comptes d'hier à demain », LGDJ, 1979, p. 119 et 5.
- CHEVALLIER, Jacques, « *Les fondements idéologiques du droit administratif français.* »
- Variations autour de l'intérêt général, CURAPP, PUF ? 1979.
-COHEN-TANUGI L., « *L'avenir de la justice administrative* », Rev. Pouvoirs, n° 46, 1988.

-CONSTANS Louis, « *Les changements du droit public interne: adaptation, mutation, ou dépérissement ?* » in *Revue marocaine d'Economie et de droit comparé*. 1995.
-DE BRESSON J.J.« *Inflation des lois pénales et législatives ou réglementations techniques* », R.S.C.1985, Doctr., p. 211.
-DE LUGET A.,«*La responsabilité administrative en matière d'urbanisme*», Thèse, Poitiers, 1996.
-DELMAS MARTY M., « *Prudence et silences: observations sur le nouveau code pénal* », in « La responsabilité pénale des personnes morales » colloque CREJ-PME, 11 mai 1993, faculté de droit de Limoges, Petites affiches 6 octobre 1993.
-DEVOLVE Pierre, « *Répression, droit pénal et droit administratif* », in FRISON-ROCHE Marie-Anne (Dir.), « *Les enjeux de la pénalisation de la vie économique* »,pp. 36-49, Dalloz 1997.
-DRAGO, R., FRISON-ROCHE M.A, « *Mystères et mirages des dualités des ordres de juridictions et de la justice administrative* », Archives de philosophie du droit, 1997, Sirey.
-DUCOULOUX-FAVARD C., « *Fausses factures et corruption* », D. 1996, Chron. P. 352.
- E.F.E., « *La responsabilité pénale des personnes morales de droit public* », « *les nouveaux enjeux et l'articulation avec la responsabilité des élus et des agents publics* », colloque du 31 mars 1995,
-FERAL François, « *A propos de la condamnation des docteurs Garetta et Allain pour tromperie sur les qualités substantielles du sang contaminé par le virus du sida* », in Revue marocaine d'économie et de droit comparé, n° 20, 1993, université Cadi Ayad, Faculté des sciences juridiques économiques et sociales, Marrakech.
-FERAL François, « *L'évolution administrative du droit pénal des fraudes commerciales* », in Revue marocaine d'économie et de droit comparé, n° 20,1993, pp. 113-146.
- FERRIER B., « *Une grave lacune de notre démocratie: l'irresponsabilité pénale des personnes administratives* »., Rev. sc. crim et dr. pén. comparé, 1938, p. 395.
-GUIHAL D., « *La responsabilité pénale des élus en matière d'environnement* », RFDA mai- juin 1996, p. 535-543.
-GUIHAL D., « *La responsabilité pénale des élus locaux en matière d'environnement* ». RFDA 1996, n° 12 p. 535.
-HARDY J. « *La responsabilité des élus locaux* », Pouvoirs locaux, mars 1997.
-HELIN Jean-Claude, « *La décentralisation saisie par le juge* ». Les petites affiches, n° 92, 1er août 1997.
- HENRY Jean Pierre, « *Vers la fin de l'Etat de droit ?* », R.D.P 1974
-HERMANN Jeannine, « *Le juge pénal, juge ordinaire de l'administration ?* », Dalloz 1998, 19è cahier, pp. 195- 202.
-HUGLO Christian « *Les délits liés au manque de précaution: risques et environnement* », Les petites affiches, 15 févr. 1995, p.22-28.
-LESCLOUS Vincent, « *L'appréciation des actes administratifs par le juge répressif* » J.C.P. Ed. G.I., n° 11, 3747.
-LINDON V., « *L'obéissance hiérarchique comporte-t-elle des limites et lesquelles* ?, Rev. Adm. 1954-159.
- MARTIN P., «*Responsabilité pénale des personnes morales de droit public* », in *Juriscl. dr. adm.*, n° 8, fasc. 803.
-MAUGUE C., « *Les délégations de service public en question* », CJEG 1997.
-MAYAUD Yves, « *De l'article 121-3 du code pénal à la théorie de la culpabilité en matière criminelle et délictuelle* ». D. 1997, Chron. P. 38.
-MILLER G. « *Les relations entre les juridictions financières et judiciaires* », Rev. Trésor 1995, p. 357 et suivantes.
-MISLAN A., « *Le juge administratif et la responsabilité des collectivités locales en matière de sécurité industrielle.* », *Gaz. Pal.*, 1998,1,doctr., p.787.

-MODERNE Franck, « *La responsabilité de l'Etat et des communes en cas de réalisation de risques naturels et technologiques majeurs.*
-MORAND-DEVILLER J. et MONCHAMBERT S., « *Les nouvelles responsabilités des collectivités locales* », R.D.P. 1988, p. 991.
-PAILLET M. « *Le contentieux administratif de la responsabilité et la loi littoral* », Rev. Jur. Envir. n° spécial 1997.
-PEISER M., « *Responsabilité des communes. déjouer les risques liés à l'urbanisme.* », Mon. Trav. Publ. 27 mars 1998, p. 65.
-PERINET-MARQUET Hugues, « *l'inefficacité des sanctions du droit de l'urbanisme* », Dalloz 1991, 6ème cahier, Chron. pp. 37-46.
- PINIOT M.-. C. (Dir.)., « *Evaluation comparée des deux voies répressives (table ronde sur la responsabilité pénale des personnes morales de droit public)* », *Rev. sc. crim.* 1996, p. 293.
- PLOUVIN J.Y., « *Au secours, le juge civil des référés arrive. Ou de la réduction du juge administratif par le juge judiciaire des référés.* », Gaz. Pal. 1989, I, Doctr. 102.
-PORTELLI H. « *Les conséquences de l'insécurité juridique sur les nécessités de l'action publique* », Communication au colloque « la décentralisation, quelle remise en cause pour quelle remise en ordre ?. Département des Bouches du Rhône ». Institut de la décentralisation, Marseille, mars 1997.
-PUECH Marc « *De la mise en danger d'autrui* », Rec. Dalloz, chronique 1994, p. 153-157.
-RIERA Ramiro, « *La responsabilité pénale des préfets et sous préfets, à propos de la circulaire du 14 mai 1993 du Ministre d'Etat, Ministre de l'intérieur et de l'Aménagement du territoire relative à la protection des fonctionnaires de l'Administration territoriale* », Revue « Administration », n° 161, oct-déc. 1993, p.156-158.
-ROBERT Jacques-Henri, « *La pénalisation des matières juridiques techniques, l'exemple du droit de l'environnement* », in FRISON-ROCHE Marie-Anne (Dir.), « *Les enjeux de la pénalisation de la vie économique* »,pp. 56-70, Dalloz 1997.
- SALON S. et SAVIGNAC J.Cl., « *Actualité de la fonction publique* », AJDA 1996, p. 431.
-SEGUR Philippe, « *La catastrophe et les risques naturels, essai de définition juridique* », R.D.P. 1er déc. 1997, n°6, pp. 1693-1716.
-SOULEZ-LARIVIERE D., « *Les élus et fonctionnaires face au nouveau code pénal* », colloque du 17 mars 1995 relatif à la corruption et la transparence de la vie économique et des procédures publiques, Les petites affiches, 15 févr. 1995, n° 20.
-SPITERI Josiane, « *Du fait du prince à la responsabilité pénale, ou de l'Etat de droit* ». D ; 1993. Chron. P. 241.
-STEINLE-FEUERBACH M.P. « *La responsabilité pénale des mairies en cas de catastrophe (au regard des procès de BRUZ et de BARBOTAN) ou la fausse nouveauté de la loi n° 96-393 du 13 mai 1996* ». J.C.P., Ed ; G. n° 43.
-STIRN B., « *La conception française du service public* », CJEG. 1993.
-VINCENT F., « *Régimes législatifs spéciaux de responsabilité* », Juriscl. dr. adm. 8, fasc. 960 éd. 1993.
-VIRET Jean, « *La responsabilité de l'Administration et de ses agents à l'épreuve du droit pénal contemporain* », AJDA 20 novembre 1995, pp.763.
-WERTENSCHLAG B., « *Les nouvelles infractions et nouveaux responsables en matière de droit pénal de l'environnement* », Les petites affiches, 26 sept. 1994, n° 115 pp. 4-7.

TABLE DES MATIERES

PREFACE 5

PROPOS INTRODUCTIFS 13

TITRE I. LA RESPONSABILITÉ PÉNALE DES AGENTS PUBLICS, DANS LA MOUVANCE DES MUTATIONS DU DROIT ADMINISTRATIF DE LA RESPONSABILITÉ ? 27

CHAPITRE I. LES GRANDES MUTATIONS DE LA RESPONSABILITE ADMINISTRATIVE 31

SECTION I. Vers une fonction sociale de la responsabilité administrative 35

§. 1. L'amélioration du sort de la victime dans le régime de la responsabilité pour faute de l'administration 35

§. 2. Les développements du régime de la responsabilité sans faute de l'administration 41

SECTION II. Essai sur l'évolution des fondements d'un droit indemnitaire en mutation 43

§. 1. Des fondements anciens 43

§. 2. Un cas particulier de responsabilité sans faute: la responsabilité pour risque, ou la tentative administrative de gestion du risque 44

§. 3. Le poids du droit supranational à l'origine de nouvelles mutations de la responsabilité administrative 45

CHAPITRE II. LA PLACE FAITE A LA RESPONSABILITE PENALE DES AGENTS DE L'ADMINISTRATION DANS LE DROIT DE LA RESPONSABILITE ADMINISTRATIVE....................................51

SECTION I . La responsabilité pénale des agents de l'administration en tant que constante historique 55

§. 1. La mutation originelle: de l'irresponsabilité à la responsabilité des élus et fonctionnaires 55

§. 2. Un régime juridique étonnamment statique 56

A. L'orthodoxie des grandes règles juridiques 57

B. La relation Responsabilité administrative - Responsabilité pénale: une relation presque contre nature 58

SECTION II. La mutation contemporaine des pratiques sociales et juridiques. Celles des victimes et celles des parquets....................................63

§. 1. La mise en œuvre effective du droit pénal 63

A. Une pratique jurisprudentielle en berne : la limitation de la responsabilité pénale 64

B. L'émergence de la victime comme nouvel acteur au procès pénal en responsabilité d'un agent public 65

§. 2. L'utilisation nouvelle de la responsabilité pénale comme modélisation des angoisses sociétales 66

A. L'aspiration à franchir un nouveau pas dans le sens de la socialisation des risques....................................66

B. La recherche des responsables....................................67

C. Du buste de marbre au Janus: le nouveau visage du procès pénal 70

1. Le juge pénal comme palliatif à une responsabilité morale décadente 70
2. Le juge pénal comme palliatif au décalage juge administratif-administrés 71

TITRE II. LE DÉVELOPPEMENT DU JUGE PÉNAL, DANS SA FONCTION DE JUGE DE LA RESPONSABILITÉ PÉNALE DES AGENTS ET PERSONNES MORALES DE L'ADMINISTRATION 73

CHAPITRE I. LA LOI AU SERVICE DU DEVELOPPEMENT DE LA RESPONSABILITE PENALE.... 79

SECTION I. La codification des incriminations dans le nouveau code pénal 83

§. 1. L'avènement de deux grands domaines de responsabilité pénale des agents publics 83

A. Le domaine de la sécurité et la sanction de la prise de risques 85

1. Développement des obligations de sécurité et des sanctions pour prise de risques 85
2. Le délit de mise en danger de la personne d'autrui 87

B. Le secteur économique 88

§.2. La création de la responsabilité pénale des personnes morales de droit public 91

SECTION II. La pénalisation des matières juridiques techniques 95

§. 1. Le domaine de l'environnement 95

§. 2. L'urbanisme 98

CHAPITRE II. CONSEQUENCES DU DEVELOPPEMENT DE LA RESPONSABILITE PENALE DES AGENTS PUBLICS SUR LE DROIT ADMINISTRATIF....103

SECTION I. La substitution de la méthode pénale à la logique administrative pour la recherche de la responsabilité pénale.... 107

§. 1. Le support de la méthode pénale.... 107

A. L'efficacité du procès pénal.... 107

1. « Le juge qui sait » ou l'efficacité de l'instruction pénale....108

2. Au-delà de l'acte administratif, le juge pénal....114

B. La faute pénale globalisante.... 116

1. Caractéristiques....117

2. L'absorption de la faute administrative dans la faute pénale....118

§.2. La logique administrative reléguée au profit de la méthode pénale.... **120**

A. La différence dans le raisonnement juridique: l'exemple tiré des « faits justificatifs ».... 120

B. Les différences de langage et d'interprétation.... 126

SECTION II. Les conséquences du phénomène sur le droit administratif: effets voulus et effets induits....129

§.1. La réduction de l'office du juge administratif et du champ d'application du droit administratif.... 129

A. Un deuxième juge de l'administration.... 129

1. Un nouveau juge de la légalité....130

2. De l'appréciation de la gestion à l'émergence d'un juge de l'opportunité des choix publics....132

3. Vers un second rôle pour la justice administrative ?....135

B. La responsabilité pénale, au sein d'une distinction (droit) Public / (droit) Privé en déclin 138

1. La dualité des ordres de juridiction : un principe en difficulté 138

2. La mutation des notions du droit public. Ou le glas sonne t-il à nouveau pour les notions de Puissance publique et de Service public ? 140

§. 2. La responsabilité pénale comme facteur de transformation de l'action administrative **144**

A. Une mutation de la philosophie de l'action administrative: de l'impératif d'action à la paralysie de la décision 144

B. Un changement des modalités de l'action administrative 145

1. Changements et perspectives des modalités habituelles d'exercice de l'activité administrative 146

2. Les mutations de l'activité administrative, en réaction contre le juge pénal, nouveau juge de la responsabilité des agents publics 147

CONCLUSION **153**

BIBLIOGRAPHIE **161**

OUVRAGES GENERAUX, RAPPORTS, ETUDES 163

ARTICLES GENERAUX ET SPECIALISES 164

TABLE DES MATIERES **169**

Collection Logiques Juridiques
dirigée par Gérard MARCOU

CLAVIER Jean-Pierre, *Les catégories de la propriété intellectuelle à l'épreuve des créations génétiques*, 1998.
JACQUOT Henri, MARCOU Gérard, *L'urbanisme transfrontalier droit et pratique*, 1998.
FABRE-GUILLEMANT Raphaële, *Les réformes administratives en France et en Grande-Bretagne : centres de responsabilité et agences d'exécution*, 1998.
ROUXEL Jean-Yves, *Le Saint-Siège sur la scène internationale*, 1998.
MOQUET-ANGER Marie-Laure, *De l'hôpital à l'établissement public de santé*, 1998.
BEN LETAIF Mustapha, *L'Etat et les entreprises publiques en Tunisie*, 1998.
GROS Manuel, *Droit administratif*, 1998.
TEISSIER-ENSMINGER Anne, *Autos, panneaux, signaux*, 1998.
LE BRAZIDEC Gwénaël, *René Capitant, Carl Schmitt : crise et réforme du parlementarisme*, 1998.
PROUTIÈRE-MAULION Gwénaèle, *La politique communautaire de réduction de l'effort de pêche des Etats membres*, 1998.
BEURDELEY Laurent, *Politique agricole commune et fraudes aux dépenses agricoles de l'union européenne*, 1998.
DUBOURG-LAVROFF S. et DUPRAT J.P. (eds.), *Droits et libertés en Grande-Bretagne et en France*, 1999.
SAISON Johanne, *Le risque médical*, 1999.
DECRETON Séverine (éd.), *Service public et lien social*, 1999.
HUNOUT Patrick, *Droit du travail et culture sociale, l'exemple allemand*, 1999.
JEANNIN L., MENEGHINI M., PAUTI C., POUPET R., *Le droit d'asile en Europe*, 1999.
MBONGO Pascal, *La gauche au pouvoir et les libertés publiques (1981-1995)*, 1999.
DJUIDJE Brigitte, *Pluralisme législatif camerounais et droit international*, 1999.
CUSTOS Dominique, *La Commission fédérale américaine des communications à l'heure de la régulation des autoroutes de l'information*, 1999.
FORTIN Yvonne (ed.), *La contractualisation dans le secteur public des pays industrialisés depuis 1980*, 1999.

www.ingramcontent.com/pod-product-compliance
Lightning Source LLC
LaVergne TN
LVHW010940051026
849532LV00003B/1061
* 9 7 8 2 7 3 8 4 8 7 6 9 8 *